暨南大学企业发展研究所

企业发展研究所
企业发展研究书丛

本书受广东省普通高校人文社会科学重点研究基地
——暨南大学企业发展研究所资助出版

农业科技企业
技术创新与绩效研究

姚琼 著

科学出版社

北 京

内 容 简 介

本书以作者从事国家自然科学基金项目所获得的研究成果为基础，以 R&D 和营销能力为切入点，对 300 多家农业科技企业进行了调研，对技术创新的内涵进行了探索性研究，并重点开发了营销能力量表；研究技术创新中的 R&D、营销能力对企业经济绩效、社会绩效的影响；营销能力、竞争优势和绩效的关系；分析 R&D-营销整合对企业经济绩效与社会绩效的影响，以及在不同技术创新模式下的差异。本书资料丰富，内容翔实，可为农业科技企业开展技术创新活动提供实证证据，为政府制定农业科技企业技术创新的政策提供参考资料。

本书可供从事创新管理、企业管理及农业发展等专业理论研究和实际工作的人员参考，同时也可用作相关专业本科生及研究生教学的参考材料。

图书在版编目(CIP)数据

农业科技企业技术创新与绩效研究 / 姚琼著 . --北京：科学出版社，2014

（暨南大学企业发展研究书丛）

ISBN 978-7-03-042551-5

Ⅰ. ①农… Ⅱ. ①姚… Ⅲ. ①农业企业－高技术企业－技术革新－研究－中国 ②农业企业－高技术企业－企业绩效－研究－中国 Ⅳ. ①F324

中国版本图书馆 CIP 数据核字(2014)第 268433 号

责任编辑：李　莉 / 责任校对：张海燕
责任印制：李　利 / 封面设计：蓝正设计

科 学 出 版 社 出版

北京东黄城根北街 16 号
邮政编码：100717
http://www.sciencep.com

中国科学院印刷厂 印刷

科学出版社发行　各地新华书店经销

*

2015 年 3 月第　一　版　　开本：720×1000　1/16
2015 年 3 月第一次印刷　　印张：8 1/2
字数：170 000

定价：58.00 元

（如有印装质量问题，我社负责调换）

总　序

　　暨南大学企业发展研究所成立于 2003 年，为广东普通高校第一批人文社会科学重点研究基地，历史悠久，实力雄厚。近年来，本所充分发挥特色学科优势，集中利用暨南大学管理学院的科研资源与力量，以现代商业理念为指导，以企业转型发展为研究重点，运用多种先进方法，加强多学科协同，有针对性地开展研究和成果转化。形成了方向明确、特色鲜明的五个研究方向：社会责任观下的企业价值创造、行为公司财务和管理会计、组织行为与人力资源管理、生产运营与物流管理、品牌营销与旅游管理，取得了丰硕的研究成果，为广东省的经济建设和企业发展提供了有力的智力支持。

　　当前，我国的经济发展进入新常态阶段，经济结构与发展方式的不平衡性、不可持续性矛盾日渐凸显。企业作为经济发展的微观基础，既是社会价值和财富的创造者，也是经济状况的预报员。唯有多数企业实现以技术和管理创新为核心的转型发展，不断提高其自身的竞争力，才是应对当前挑战、实现经济结构调整和发展方式转变的根本途径。应当看到，我国企业在目前的转型发展过程中依然受到市场化改革不够深入、核心技术难以突破、先进的管理人才与理论普遍缺乏等瓶颈的制约，对企业转型发展理论新的进展需求也非常迫切。这就需要学者能够与时俱进，以更开阔的视野在相关领域开展理论与案例研究。

　　在上述目标的指引下，本所结合自身的研究特色，资助出版了这套"暨南大学企业发展研究书丛"。本套书丛不求全但求新，围绕以下三个方面开展研究，以反映最新的研究成果，突出实用性：

　　（1）依托中国本土文化特色，借鉴社会学与社会心理学的理论成果，探究互动行为与服务品牌资产之间的关联，寻找企业通过品牌管理获得竞争优势的路径；

　　（2）从企业持续发展的战略高度入手，开展管理模式创新研究，探索投资、知识创新、技术革新等要素对企业转型的推动作用，根据客户需求指引生产系统的动态定制，推动企业朝规范化、服务化、创新化方向转变；

　　（3）顺应旅游活动综合性的要求，用多维视角审视旅游业现状，不断创新旅游管理的理念、内涵、方法与模式，分析旅游业各要素的作用机制和影响效应等问题。

　　这套书丛囊括了本所部分学者长期研究积累的成果，本次结集出版也得到了科学出版社的大力支持。在书丛的编辑过程中，不仅注重每本书的学术水平，而且关注其使用价值，各位作者也都尽可能地将自己的最新研究成果阐述得通俗易懂，以启发更多的读者。由于这些研究成果仍有待完善，理论和方法运用还有不少值得改进之处，探索企业转型发展的研究还有待进一步深入。

　　希望通过此次的出版工作，一方面可以与国内外有关专家和同行分享相关领域的研究成果；另一方面接受各位专家的批评和建议，不断提高科研工作质量和科研成果水平，为我国和广东的企业转型发展贡献绵薄之力。

　　特此为序！

卫海英

暨南大学企业发展研究所

2015 年 3 月

前　言

　　本书为国家自然科学基金项目"农业科技企业技术创新与绩效：基于R&D和营销能力的实证研究"（批准号：71003043）的研究总结。该项目于2010年正式立项，历时3年，于2013年年底按计划完成各项研究任务。项目负责人为暨南大学管理学院姚琼副教授，课题组主要成员有刘震坤、宋华、徐菁蔓、邹凡国、刘馨、许美思和江文芳。本书调研的主要对象涉及300多家不同类型的农业企业。实地调查研究的地点分布在广东、浙江、江苏、福建等省市。调查点所在地的许多人员为实地调研提供了大量的帮助，这里需要特别提出并致谢参与调研的300多家企业的有关领导和员工。

　　参与本书资料收集和整理的还有刘震坤、宋华、徐菁蔓、邹凡国、刘馨、许美思和江文芳。资料收集和整理分工如下：刘震坤参与第3章、第5章资料收集和整理，徐菁蔓和刘馨参与第6章资料收集和整理，邹凡国和江文芳参与第7章资料收集和整理，宋华参与第8章资料收集和整理，许美思参与第9章资料收集和整理。本书吸收和引用了许多学者的研究成果，除了在书中做出说明外，也在此表示感谢。

　　农业科技企业的技术创新是抢占农业高科技制高点的关键，打开技术创新与企业绩效的"黑箱"对将农业科技企业培育成技术创新主体具有重要意义。可是目前学术界关于农业科技企业技术创新研究的成果较少，学科基础薄弱，资料收集和处理难度较大。限于时间、水平和资料，书中难免有不妥之处，敬请读者赐教。

姚琼

2014年11月

目　录

第 1 章

导 论

1.1 研究背景与意义

农业科技企业是从事农业技术创新、形成农业高新技术产品规模化生产的企业，其特点突出在科技上投入和产出（褚保金和吴川，2001；高启杰，2008a）。世界发达国家农业科技企业的技术创新已经成为该行业发展的关键（Kislev and Shchori-Bachrach，1973；陈志兴，2007）。特别是近年来随着基因工程等生物技术的发展，农业科技企业如杜邦先锋公司、先正达公司和孟山都公司，利用其科技经济实力和先发优势，进行品种垄断，大力开拓和占领全球市场，掌握农业高科技的制高点，形成了强大的国际竞争优势（Falck-Zepeda et al.，2000）。杜邦先锋公司每年向全世界发布的新品种达 200 多个（黄钢，2006），在全球种业的市场占有率达 43% 以上，是世界上最大的玉米种业公司，其玉米种子的世界市场占有率超过 20%；2008 年先正达公司的全球销售额超过 116 亿美元；作为全球农业技术的领先者，孟山都公司的生物技术产品的种植面积占全球生物技术作物种植面积的 87.5%（黄钢，2006）。可以说，要抢占农业高科技的制高点需要依靠农业科技企业的技术创新（Tellis，2008）。

培育农业科技企业为技术创新主体的过程中，迫切需要打开技术创新与企业绩效的"黑箱"。在中国，农业科技企业兴起于 20 世纪 80 年代。进入 20 世纪 90 年代以后，农业科技企业迅速发展起来，并以母体组织主导型为主，即以农业高等院校、科研院所、政府或企业 R&D 部门等母体组织为主导的农业科技企业（桑晓靖，2004）。目前我国的农业科技企业还处于初期发展阶段，政府正采取有效的政策措施推动农业科技企业成为技术创新的主体（解宗方，2001）。如果农业科技企业成为技术创新的主体，那么它将投入大比例的研发经费进行技术创新，此后，又用市场销售获得的利润来回报科研，投入更多的科研开发经费（褚保金和吴川，2001）。企业进行技术创新有利可图，才会产生技术创新的冲动（何道峰，1986；鲍克，1994；苏迪和吴开松，2008），进而形成投入—回报—再投入的良性循环。那么，"农业科技企业的技术创新对企业绩效究竟有什么影响呢?"对这一问题我们知之甚少。如果这个问题得到了答案，不仅能为农业科技企业的技术创新提供利益动力，而且能为政府的培育政策的实施提供有力的保障。

技术创新与绩效研究的新进展为打开"黑箱"提供了机遇。一方面，基于权变观的企业资源理论，从能力切入，引入了反映权变因素的调节变量，构建了调节模型（Lichtenthaler，2009；Talke and Hultink，2010；韩顺平和王永贵，2006）。在调节模型中包括自变量（技术创新能力）、因变量（绩效）、调节变量（权变因素）和控制变量（Li and Atuahene-Gima，1999；Leenders and Wierenga，2008；Troy et al.，2008），将复杂的技术创新能力、环境因素、绩效的关系用简明、清晰的模型表示，实现了技术创新与绩效研究的理论突破。另一方面，学者在制造业、高新技术等行业也展开了大量的实证研究（Li and Atuahene-Gima，1999；Atuahene-Gima and Evangelista，2000；Leenders and Wierenga，2008）。他们开发、运用一系列量表，用于收集企业的定性数据（Yam et al.，2004；Vorhies and Morgan，2005；Leenders and Wierenga，2008）。这种方法既消除了企业对商业秘密的顾虑，又提供了有效、可靠的数据，提高了一手资料收集的有效性，解决了此类实证研究的瓶颈制约。同时，建立了一套变量测量、样本选择等的科学、规范的实证研究程序和方法（Shane and Ulrich，2004），为揭示农业科技企业技术创新对绩效的影响提供了新的思路和方法。国内高启杰（2008b）教授的研究小组对我国农业科技企业技术创新与绩效进行了探索性研究，更为实证研究指明了方向。

从 R&D 能力和营销能力切入是打开农业科技企业技术创新与企业绩效"黑箱"的关键。企业技术创新是一个由构思、研究开发、中试（示范）、制造、销售等多个环节构成的链条，涉及 R&D 部门、生产部门和营销部门等（Kotler，1965；Yam et al.，2004；朱冬元和宋化民，1996；白俊红等，2008；杨翩翩等，2009）。单一的研究视角难以满足复杂的现实要求。从发展趋势看，越来越多的学者根据各门学科理论的交叉融合，将技术创新能力细化为 R&D 能力、生产能力、营销能力等多个维度，更加全面、系统地研究各个能力对绩效的影响。那么，对农业科技企业而言，R&D 能力和营销能力则是打开技术创新与绩效的"黑箱"的关键。毫无疑问，R&D 能力是任何企业技术创新能力的核心。营销能力也是农业科技企业的技术创新能力的关键之一。在现实中，农业科技企业在某种程度上具有科技资源方面的优势，但缺乏市场优势。要发挥科技第一生产力的作用，实现科技优势向市场优势的转化，就必须强化市场创新，提高营销能力

(Gray et al.，2004；解宗方，2001)。不仅如此，R&D 能力和营销能力的提炼也是技术创新理论和市场营销理论交融的关键点。从技术创新理论看，技术创新强调新产品、新商品及其市场经济效益(朱冬元和宋化民，1996)，技术创新活动既是技术活动也是营销活动(杨翩翩等，2009)。从市场营销理论看，R&D 能力是企业开发应用不同技术生产有效新产品和服务的能力；营销能力是企业比竞争者更好地理解、预测顾客需求并将其产品和服务传递给顾客的能力(Krasnikov and Jayachandran，2008)。前者创造了满足顾客需求的产品和服务，后者通过各种方式实现产品和服务的价值(柳卸林，1993)。

农业科技企业的技术创新特殊性可为 R&D 能力、营销能力与绩效的实证研究提供新素材。研究表明，在制造业、高新技术等行业的实证研究中，R&D 能力和营销能力对企业绩效有正向影响 (Li and Atuahene-Gima，1999；Yam et al.，2004；Nath et al.，2010；Verhoef and Leeflang，2009)。然而，农业的特殊性决定了农业科技企业技术创新在很多方面不同于其他产业的高新技术企业(Purvis and Outlaw，1995；高启杰，2008a)。例如，在 R&D 方面，农业科技企业技术创新具有较长的研究开发周期(彭林魁，2005)、较强的地域性(周中林，2007)、较强的公共性产品的特性(顾丽敏和安同良，2002；朱卫鸿，2007)；在营销方面，技术创新的先进性与农户水平的滞后性的矛盾(解宗方，2001)，要求农业科技企业采用示范推广方式向农户(消费者)推广新产品(新技术)；在权变因素方面，技术创新模式在政府促进农业科技企业技术创新中发挥特殊作用(高启杰，2009)，对农村经济也起到了推动作用(褚保金和吴川，2001)等。虽然学者对农业科技企业技术创新与绩效的探索性研究取得了较为理想的成果(高启杰，2008b，2009)，但是农业科技企业的技术创新特殊性，使其实证研究中还存在一些问题有待探讨。例如，根据农业科技企业技术创新特殊性测定的 R&D 能力和营销能力，会对企业绩效产生什么样的影响呢？R&D 能力和营销能力的整合会对企业绩效有影响吗？

本研究的理论意义在于，构建在适度放宽限制条件下的技术创新与企业绩效关系的理论模型，得到以定性数据为基础的测量技术创新能力和绩效的量表，以及 R&D 能力和营销能力对企业绩效的影响的主效应和中介效应，从而打开农业科技企业技术创新与企业绩效的"黑箱"。本研究的实践意义在于，为提高农业科技企业技术创新能力、提高农业科技企业的技术创新对绩效的贡献，以及企业开展技术创新活动提供实证证据，为政府制定农业科技企业技术创新的政策提供参考资料。

■1.2　研究内容与结构

本书一共有 9 章。内容涉及理论研究、探索性研究及实证研究。

第 1 章是导论部分，简述了本项研究的背景与意义及本书的章节安排。

第 2 章主要简述了目前国内外对于农业科技企业的技术创新与绩效的研究现状。

第 3 章是从微观视角深入探究农业科技企业技术创新的重要内容，并具体分析农业科技企业在技术创新方面的现状。通过深度访谈，对农业科技企业技术创新能力的主要内容进行剖析，具体指出了在技术创新能力中非常重要的 R&D 能力和营销能力这两个维度。接着从这两个方面出发，分析了农业科技企业的 R&D 和营销现状，得出了目前我国农业科技企业的技术创新主要存在的不足，并得到结论：政府的支持和企业内营销部门和 R&D 部门的沟通使企业开发出创新性产品成为可能，产品的创新能力为企业的长期发展奠定基础。

第 4 章实证分析了市场风险和营销风险及各子风险在技术创新的四个阶段的影响。结果显示，市场风险和营销风险在技术创新的整个过程中都起着重要的作用，在市场阶段的影响尤为突出。我国农业科技企业在实践中应加强对二者的重视，各部门应紧密配合，抓住重点部分来进行风险防范。

第 5 章基于 R&D 能力和营销能力，探索了技术创新与绩效的关系。首先，构建了假设模型，提出 R&D 能力对经济绩效有着正向影响；营销能力对经济绩效有着正向影响；经济绩效对社会绩效有着正向影响。其次，通过问卷调研的方式，采集了有效数据作为样本，运用 SPSS 软件及验证性因子分析（confirmatory factor analysis，CFA）对数据进行分析，并采用结构方程模型（structural equation modeling，SEM）对其假设进行了检验。

第 6 章搜集了 40 家符合标准的上市农业科技企业作为样本，针对农业科技企业的特点及数据的易取得性，选取了农业科技企业的技术创新指标体系及绩效评价体系。并且根据数据的不同分布，选取了方差分析法及非参数分析法进行分析，揭示了目前我国农业科技企业的创新能力仍然比较落后。在技术创新能力与绩效关系方面，只有主营业务利润率与技术创新能力、R&D 能力及营销能力都直接相关。其他指标，如资产负债率只与 R&D 能力相关，而总资产周转率只与营销能力相关。并且，在一个会计年度中，企业的技术创新能力并不能给发展能力指标带来相应影响。

第 7 章探究了中国农业科技企业的营销能力影响绩效的内部过程，并构建了营销能力、竞争优势和绩效的实证模型。利用我国农业科技企业的一手数据进行了实证研究，营销能力可以帮助我国农业科技企业更好地理解顾客需求和应对市场竞争。研究结果显示营销能力对绩效有正向影响,竞争优势在营销能力和绩效之间起中介作用。

第 8 章探讨了 R&D-营销整合与经济绩效和社会绩效之间的关系,实证证明了 R&D-营销整合对经济绩效和社会绩效均有正向影响,且经济绩效在 R&D-营销整合与社会绩效的关系中起中介作用。为提高企业 R&D-营销整合程度,提高企业 R&D-营销整合对绩效的贡献,提供实证证据,同时为政府制定企业技术创新的政策提供参考资料。

第 9 章探究了农业科技企业的技术创新模式对资源整合和企业绩效关系的影响。利用农业科技企业的一手数据进行实证研究,研究结果显示内部资源整合对企业绩效有显著的正向影响,但是不同技术创新模式的影响有所差异。与合作创新模式相比,在自主创新模式和模仿创新模式下,资源整合对企业绩效的影响更为显著。这对指导农业科技企业技术创新有重要的实践意义。

第 2 章

农业科技企业技术创新与绩效的研究现状

■ 2.1 技术创新与绩效研究进展

2.1.1 技术创新与绩效概述

关于技术创新与绩效的论述可以追溯到熊彼特(王子君，2002)。熊彼特在分析创新与垄断的关系时提出的一个主要假设是创新与垄断力量之间存在正向关系，换言之，技术创新能够带来超额垄断利润(王子君，2002)。随后，学者从宏观层面(李平等，2007)和企业层面针对技术创新对绩效的影响展开了大量的理论和实证研究。主要就企业层面的研究进行如下综述。

国外主要有两类研究思路：一类沿承经济学中技术进步的研究思路，以生产函数模型为主来分析技术创新对投入产出关系(生产率、成本)的贡献(Scherer，1983)；另一类则在管理学(市场营销学)的新产品扩散的基础上，分析技术创新对市场份额、财务利润等绩效的影响(Robinson，1990；Prajogo and Ahmed，2006)。在企业层面上，后一类思路是发展的趋势。

早期的研究侧重于分析技术创新的经济影响，用生产函数模型来分析技术创新对投入产出关系的影响。Scherer(1983)验证了企业 R&D 与生产率之间的关系。这类模型考虑的是节约单位成本，而不是增加利润。

但是，Gold(1964)对美国制造企业 1899～1939 年的成本数据的研究发现，并不像传统观念预期的那样，技术创新并没有带来单位成本的降低。通过对模型的修正发现，传统观念的"技术创新的影响只限于对投入产出比率和单位成本的直接影响"假设需要修改。Gold 还提出在不同产业间技术创新的影响是有差异的，需要根据各个产业的特点构建相应的实证分析原则和模型。与此同时，

Kotler(1965)在分析新产品扩散的生命周期中，采用了财务模型，分析了技术创新的六个阶段中新产品的成本和利润。两位学者的研究成果，又一次极大地推动了技术创新与绩效的研究快速发展。

此后，学者在管理学(市场营销学)中新产品扩散的基础上，对不同产业进行研究，分析技术创新对市场份额、财务利润等绩效的影响。Robinson(1990)实证分析了制造行业产品创新对初始市场份额的影响。结果表明相对于竞争产品的产品优势对市场份额有最强的影响。Prajogo 和 Ahmed(2006)实证研究表明创新能力对绩效有显著影响。当然，在 Robinson 的研究中，产品创新只是用"产品创新优势"进行测量的。在 Prajogo 和 Ahmed 的研究中，创新能力包括了技术能力和 R&D 能力。

在中国，学者也沿用了国外的两类研究思路。1996 年，国务院发展研究中心(Development Research Center of the State Council，DRC)和国家统计局(State Statistics Bureau，SSB)对沿海省(福建)和内陆省(甘肃)各类企业的技术创新进行了调查。通过基本数据可以证实：各地区、各行业、各企业的技术创新水平状况直接影响劳动生产率(邓鸿勋，1996)。技术创新使企业生产因素发生了比较显著的正效应变化。实现技术创新的企业的产品结构明显优于尚未实现技术创新的企业("技术创新研究"课题组，1996)。尽管研究结果是通过定性分析和描述分析得到的，但这一研究为中国企业的技术创新与绩效的实证研究做出了开拓性工作。王子君(2002)则采用生产函数模型，对美国电信巨头 AT&T 的拆分案例进行实证分析。结果显示，R&D 与生产率在分割后显著正相关。

在另一方面，尚增健(2002)在对实力克公司的案例分析中提出，持续的技术创新使企业在市场份额中占据绝对优势。谢洪明等(2006)在研究市场导向和组织绩效时，以技术创新为中介变量之一，实证分析了技术创新对组织绩效的影响。该研究中，技术创新采用 7 个问项进行测量，主要反映企业的技术创新活动的几个方面。实证结果表明，技术创新并不直接影响组织的绩效。在随后的研究中，谢洪明等(2007)将技术创新细化为产品创新和工艺创新，采用 8 个问项测量技术创新活动，实证结果证实了技术创新通过核心能力对组织绩效产生影响。

2.1.2　技术创新能力、R&D 能力和营销能力

企业技术创新是一个由市场需求—构思—研究开发—中试(示范)—制造—销售等多个环节构成的链条，涉及 R&D 部门、生产部门和营销部门等(Kotler，1965；Yam et al.，2004；朱冬元和宋化民，1996；白俊红等，2008；杨翩翩等，2009)。在技术创新对绩效影响的实证研究中，采用少数问项测量技术创新的方法难以满足复杂的现实要求。从发展趋势看，学者根据各门学科理论的交叉融合，将技术创新细化为 R&D、生产、营销等多个维度。此外，根据企业资源理

论，能力是企业竞争优势和绩效的关键影响因素（Day，1994）。技术创新通过加强企业 R&D、生产、市场等部门的协作，提高现有资源和新引进资源的利用率，使企业 R&D 能力、生产能力和营销能力得到增强（谢洪明等，2007）。所以，将技术创新进行细化，集中研究技术创新能力对企业绩效的影响，使该领域的实证研究进入了更加广阔的空间。

企业技术创新涉及 R&D 部门、生产部门和营销部门等，既是技术活动也是营销活动（杨翩翩等，2009）。从技术创新活动涉及的功能部门看，技术创新能力包括 R&D 能力、营销能力、制造能力等（Yam et al.，2004；Prajogo and Ahmed，2006；白俊红等，2008）。从市场营销的理论看，R&D 能力是企业开发应用不同技术生产有效新产品和服务的能力；营销能力是企业比竞争者更好地理解、预测顾客需求并将其产品和服务传递给顾客的能力（Krasnikov and Jayachandran，2008）。前者创造了满足顾客需求的产品和服务，后者通过各种方式实现产品和服务的价值（Srinivasan et al.，2009）。所以，R&D 能力和营销能力是技术创新能力的关键组成部分。有实证研究也证实了产品开发能力和营销分销渠道对企业的重要性（Hsu et al.，2008）。

2.1.3 R&D 能力、营销能力与绩效

在技术创新和市场营销研究文献中，实证证据证明了 R&D 能力对企业绩效有正向影响（Yam et al.，2004），营销能力对企业绩效也有正向影响（Li and Atuahene-Gima，1999；Nath et al.，2010；Verhoef and Leeflang，2009）。Atuahene-Gima 和 Evangelista（2000）从 R&D 和营销的角度证实了两者对新产品绩效的影响。此外，Krasnikov 和 Jayachandran（2008）还将 R&D 能力和营销能力的影响进行了比较，证实了营销能力对企业绩效的影响强于 R&D 能力的影响。

在国内研究中，韩顺平和王永贵（2006）提出了营销能力与企业绩效的概念模型。实证结果证实了企业持续营销能力对企业绩效的正向影响（许正良和王利政，2007）。但是对信息业和制造业的实证研究中，并没有证实 R&D 投入与企业绩效的显著的正向关系（郭斌，2006；李涛等，2008）。

2.1.4 R&D 能力和营销能力的整合与绩效

企业能够保证拥有技术资源和营销资源，但是只是拥有并不能保证有效利用（Leenders and Wierenga，2008）。这些资源必须整合利用以发挥更大效用（Griffin and Hauser，1992；Prašnikar et al.，2008）。

Ebadi 和 Utterback（1984）实证研究了个人、组织沟通对技术创新成功的影响。结果得到，沟通的频率、集中性和多样性对技术创新成功有正向影响。Bulte 和 Moenaert（1998）研究了 R&D 和营销整合。Troy 等（2008）通过元分析方

法对大量文献进行了研究，发现跨部门整合与新产品成功有关。当然，并不是所有的企业都能从 R&D 能力和营销能力的整合中获利（Leenders and Wierenga，2008）。

在国内的研究中，跨部门目标一致性和营销及制造部门的早期参与对新产品的成功开发有正向作用（杨翩翩等，2009）。实证研究结果表明，对于国内制造企业而言，内部组织整合中的跨职能信息分享与跨职能共同参与对新产品开发绩效都有正向影响，而跨职能关系协调对新产品开发绩效的影响不显著（吴家喜和吴贵生，2009）。在新产品开发中，R&D-营销界面集成度和新产品开发绩效有着显著的正效用（吴晓波等，2008）。但是，张永胜等（2009）却证实了 R&D 和市场职能整合与产品创新绩效之间的倒 U 形关系。

2.2　农业科技企业技术创新与绩效研究进展

2.2.1　农业科技企业的界定与分类

1. 农业科技企业的界定

农业科技企业是从事农业技术创新与产业化相关活动的企业，是以从事或推动农业新技术研发和应用为主业，在研发方面投入较多资源，主要依靠企业自身的研发成果，或吸收外来成果进行后续技术开发或产品开发，从而形成农业高新技术产品规模化生产的企业（褚保金和吴川，2001；高启杰，2008a）。

从现有农业科技企业界定研究看，许多文献对这一概念进行了阐述，却并没有分析农业科技企业界定的特殊性，也没有界定选择农业科技企业的标准。从相关概念界定和标准来看，农业科技企业与农业企业和农业龙头企业的区别和联系就在于农业企业是农业科技企业和农业龙头企业的基础，农业龙头企业的作用在于带动农户，农业科技企业的作用在于科技的开发、推广和应用。农业科技企业突出在科技上投入和产出，如申请专利数、新产品数、技术性收入与利用科学技术生产的产品销售收入、规模、科技经费投入、科技人员比例。当然，由于多数农业龙头企业在规模、资金、技术等方面存在着优势，所以这些企业也是农业科技企业。

因为目前国家对农业科技企业没有统一的认定标准，所以在选择研究对象时，可以借鉴浙江、江苏、广东等地区有关农业科技企业的标准和条件，即企业每年用于农业科技研究开发的经费，应占本企业当年总销售额的 3% 以上；高中和中专以上学历的人员应占 30% 以上。但是，由于我国农业科技企业普遍存在研发经费投入不足的问题，农业科技企业的发展还处于培育阶段，所以有些企业用于农业科技研究开发的经费可能难以达到 3% 的比例要求。对 125 家农业科技企业的调研结果显示，农业科技企业中大专和本科学历人数占 27.09%；自主研发费用占企业年销售收入的比值的平均值为 1.29%，最小值为 0.44%；技术引进和改造费为 0.97%（高启杰，2008b）。因此，在选择研究和调研对象时，对农业科技企业研发的经费比例可以适当放宽至 1%左右。

2. 农业科技企业的分类

农业科技企业根据不同规则，主要有以下三类分类方式。

(1)根据企业投资主体的经济性质的不同，我们可以将农业科技企业分为以下三类：①国有独资、国有控股农业科技企业。此类企业包括国有企业、事业单位投资或控股而成立的农业科技企业。②集体农业科技企业。此类企业主要是由农村的集体资金注资或由集体农场进一步发展而成立的农业科技企业。③民营农业科技企业。此类企业主要是由农业科技人员或农民等具有农业技术的个人注资而成立的农业科技企业。随着农业科技体制改革的日益推进，农业科技人员领头开办或独办的民营农业科技企业的数量正在不断增长。

(2)根据农业科技体制改革过程中农业科技企业的进化和演变特点，可以将农业科技分为以下几类：①由农业科研机构演变成立的农业科技企业。此类企业是为了适应目前政府改革需要、适应农业政策实行的环境及推进农业经济发展而成立的。这类企业将原本具有高科技的农业科研机构逐步从政府的管制中剥离出来，进行了新一轮的改组、改制及改造而逐步形成的农业科技企业。②由较有实力的乡镇农业科技企业逐步发展而来的农业科技企业。此类企业是为了适应目前激烈的市场竞争环境，而逐步投入更多的农业资源及农业技术所形成的农业科技企业。③由农业科研机构兼并其他农业及非农企业而形成的农业科技企业。此类企业具有独立的法人资格，能够自主开发、自负盈亏。

目前，我国的农业科技企业三种类型都有，但以第三类企业居多，各类企业特点有时会交织在同一个企业中，企业类型其实并没有非常严格的界限。

(3)根据农业科技服务对象的不同，结合今后农业高新技术发展的趋势，可以将农业科技企业分为以下几类：①主要以从事动植物品种改良及基因改进研究为主的农业科技企业。②主要以研究动植物细胞工程及改进植物种苗工厂化生产技术为主的农业科技企业。③主要以研究与开发农业生物制剂为主的农业科技企业。④主要以研究与开发微生物遗传工程为主的农业科技企业。⑤主要以节水创新为主的农业科技企业。⑥主要以建立智能化、标准化的农业发展决策支持系统、农业信息科技系统、实用农业技术网络为主的农业科技企业。

2.2.2 农业科技企业的技术创新概述

农业的特殊性决定了农业科技企业及其技术创新在很多方面不同于其他产业的高新技术企业，它应当立足于农业和农村经济发展的形式和需要，与科技、生产、市场、农户、环境紧密结合(高启杰,2008a)。农业科技企业技术创新的特殊性,表现为作用的特殊性和内外环境的特殊性。

农业科技企业技术创新的特殊作用体现在以下几个方面:①提高我国农业企业的国际竞争力,成为我国科技企业出口创汇中的一支重要力量;②开发转化R&D 成果,开辟我国农业科技成果推广应用和转化的新途径,带动农业和农村经济的发展(任建平和赵龙跃,1992);③为农村地区提供大量的就业机会,缓解农村剩余劳动力问题,增加农民收入,稳定农业基础(褚保金和吴川,2001);④丰富人们的物质和精神生活,其产品的消费群体广泛,与居民的生活、健康紧密相连(顾丽敏和安同良,2002;朱卫鸿,2007)。农业科技企业所肩负的历史使命,使人们必须考虑其社会责任,即企业应该在创造利润的同时,还要承担对员工、农户、农村经济等其他利益相关者的责任(高启杰,2009)。同时农业技术固有的公共性产品的特性,使技术创新产品的社会效益显著高于其他非农类企业(顾丽敏和安同良,2002;朱卫鸿,2007)。所以,除了传统的财务绩效外,社会绩效也是农业科技企业绩效的重要组成。

此类研究为进一步构建理论模型及其实证研究提供了依据。

2.2.3　农业科技企业技术创新与绩效

国外学者对农业科技企业技术创新与绩效的研究主要集中在宏观层面的农业技术创新对社会福利、环境保护的影响(Kislev and Peterson,1981;Thirtle et al.,2002;Lapan and Moschini,2004),Gray 等(2004)提出了农业技术创新的商业潜力评估框架。上述研究侧重于理论分析。在实证研究上,Falck-Zepeda 等(2000)从经济学角度研究了美国生物技术创新的福利影响,运用生产的成本数据计算了全球福利的增加,包括消费者、农户和创新企业的福利增加。

中国学者对农业科技企业技术创新与绩效的研究十分缺乏。大部分研究集中在农业科技企业的技术创新的理论研究。这些研究为技术创新与绩效的理论和实证研究提供了一定的依据。

农业科技企业的技术创新是一个由市场需求—构思—研究开发—中试(示范)—制造—销售等多个环节构成的链条(彭林魁,2005)。技术创新强调满足市场需求,能否取得市场上的成效是判别技术创新完成与否的重要标志(解宗方,2002)。农业科技企业具有科技资源方面的优势,但缺乏市场优势。要发挥科技第一生产力的作用、实现科技优势向市场优势的转化、提高农业科技企业的技术创新能力,就必须挖掘和提升售后服务能力、销售网络和营销能力、市场研究与开拓能力等(解宗方,2001;高启杰,2009)。可见,在农业科技企业技术创新中,除了R&D 能力外,营销能力也十分重要。然而,现有的研究尚未对这一问题展开深入分析,而仅仅是提及其重要性。

　　虽然对农业科技企业的技术创新与绩效的研究文献甚少，但值得一提的是，高启杰（2008b）教授对农业科技企业技术创新做出了全面性、系统性、创新性的研究。以全国不同地区、不同类型的125家农业科技企业为典型样本，在采用问卷调查与访谈方法掌握大量第一手数据和资料的基础上，对中国农业科技企业技术创新的现状及其影响因素进行了全面、系统的分析（冯海发，2008）。实证结果表明，从企业资源理论角度看，农业科技企业技术创新能力包括技术创新投入能力、实施能力和产出能力；50％以上的农业科技企业的技术创新对企业绩效的贡献很高。此调研采用了定量指标和定性指标。由于问卷内容较多，而且有些数据可能涉及企业的商业秘密，所以，很多企业填写的内容（主要是定量数据）不够完整。使用的最大有效样本容量是93家企业，最小是32家。这些研究对技术创新能力和绩效做出了探索性的分析，并且为调研方法和量表的开发提供了重要的参考资料。从收集的指标类型看，定性指标可能更加全面、更易于获取，定量指标可以作为辅助数据。当然，由于高启杰教授的研究重点在于技术创新与可持续发展，所以对农业科技企业的技术创新能力与绩效的关系没有做出深入、全面的分析。

第 3 章

中国农业科技企业技术创新的探索性研究

本章在国内外相关研究成果的基础上，专门针对农业科技企业的技术创新能力，试图从 R&D 和营销两个角度出发，结合农业科技企业现状，分析其技术创新的主要内容，以期为我国农业科技企业制定有效的措施，并为提高其技术创新能力提供理论基础。

3.1 农业科技企业的资料收集

3.1.1 研究方法的选择

鉴于已有的文献中缺乏足够的关于农业科技企业技术创新内容的理论支持，本章运用了深度访谈的方法对其进行了探索性的研究。

这种深度访谈的最大特点是深入、细致。通过对企业高层一对一的访谈形式，获得较为丰富生动的定性资料，并通过主观的、洞察性的分析，归纳和概括出结论。

3.1.2 研究程序

1. 资料收集与样本构成

在资料收集阶段，通过深度访谈的方式，我们将受访者的经验、语言等转换成文本。在这个过程中，首先，让受访者回顾自己所处行业的 R&D 部门和营销部门的具体运作流程及遇到的问题。其次，要求他们对企业的 R&D 和营销做详细的描述，并阐述农业科技企业在这些方面的特殊表现。最后，通过一些固定的验证性程序，在访谈结束后让受访者对自己的叙述进行小结，主要用于后期对研究者的主观解释观点的适当性进行验证。

鉴于研究主题和范围，我们主要选择了农业科技企业的高管或 R&D 和营销部门的领导作为调查对象。选择他们的原因有以下两个方面：第一，这些领导在农业科技企业中都处于核心地位，对农业科技企业的了解颇深，同时，作为 R&D 和营销部门的领导，他们对 R&D 和营销非常熟悉，能够给我们提供较为全面的资料；第二，他们从事这个行业的时间比较长，能够将自己所在的企业融入整个行业，并进行系统的思考，有利于我们从中找出现阶段我国农业科技企业的突出表现。

本项研究共选取了 13 位领导者作为调查对象，对每个受访者都采取单独约见或电话访谈的方式，访谈时间为 0.5～3 小时，并对所有的访谈都进行了录音。在每个访谈开始之前，首先向受访者陈述了一段关于研究主题和目的的文字，引导他们理解研究目的并帮助他们更好地回顾与研究有关的一切活动。访谈过程中，根据整理的访谈提纲，以开放式的问题来聚焦受访者的思维，如"您所在的企业中，R&D 和营销是如何开展的？"通过这种方式，更全面地掌握研究的具体内容。访谈结束后，陈述受访者在访谈过程中的观点，并要求他们对未说明清楚的内容进行解释和补充，以确认资料的可信度。

2. 资料分析

我们按照以下步骤对收集的资料进行分析：①根据录音资料来整理访谈记录，不断地阅读文本，对访谈文本进行逐字分析；②运用不同的视角去解读文本，达到对文本更深层次的理解；③结合研究内容，进一步充实和发展现有的理论。

3.1.3 分析结果

在 13 位受访者的访谈文本分析中，研究的重点集中在农业科技企业技术创新能力的主要内容，以及其 R&D 和营销的现状。选择这两个主题进行深入探索的原因有以下三个方面：第一，技术创新是企业获得竞争优势的重要来源，但对于农业科技企业而言，应该从哪几个方面着手进行技术创新尚没有理论依据。第二，确定技术创新的主要内容，应结合农业科技企业技术创新的现状去理解如何具体的实现技术创新。第三，这两个主题从理论层面较完整地阐述了农业科技企业的技术创新，并且为今后农业科技企业进行技术创新提供了指导意见。

在每一个主题下，结合相关文献对访谈文本提供的资料进行归纳和总结。我们发现农业科技企业的技术创新能力包括两个重要方面——R&D 能力和营销能力。还发现农业科技企业的 R&D 和营销有其特殊表现。

3.2　农业科技企业的技术创新中的 R&D 和营销

技术创新已是被大家认可的提高企业绩效的途径。对农业科技企业来说，也是如此。但企业应如何实现技术创新呢？ R&D 和营销是从所有受访者的叙述文本中所共同抽取的两个重要方面。在叙述中，各位受访者都谈到自己在 R&D 部门或营销部门从事的工作在企业的技术创新中的重要作用，并从不同的角度论述了 R&D 和营销的重要作用。

农业科技企业中处于行业高端的企业，往往通过研究行业热点和引入一些新的观念来引导该行业。例如，它们会尝试着研究如何在同样的时间里最大面积地实施灌溉，这就要求对原有的灌溉技术进行提高甚至重新设计，它们还会考虑如何使作物增产，这个时候，R&D 人员就会进行大量的试验，通过对不同的作物进行杂交等技术创造出新的品种；有时它们还必须通过改变产品的外观等方法去吸引消费者，这时就需要设计出引人注目的产品外形。这些都需要 R&D 部门的人员去完成。因此它们主要是通过 R&D 进行技术创新来迎合市场、占领高端市场。农业科技企业中处于行业低端的企业，通常会运用特别的宣传和促销手段来增加销售额、实现规模化，最终增大市场占领份额。例如，它们会选择通过各个地方电视台来宣传产品；它们还会选择适合农户需要的物品作为赠品，如桶、洗衣粉等生活用品，以此来吸引农户；同时，它们还会通过改变产品的包装来引起农户的注意，以增加产品的销售量。农业科技企业中处于行业中端的企业，往往没有较明确的方向，属于市场的跟随者，往往选择追随那些技术领先者，或者选择追随那些运用营销手段获得市场份额的企业。（受访者 1）

上述文本中，受访者根据企业的技术创新水平将其分为高、中、低端三个层次，分别论述了 R&D 和营销在技术创新中的重要作用。最终表明越是在高端企业中，R&D 在技术创新中的作用越突出；越是在低端企业中，营销在技术创新中的作用则更加明显。

处于上游的农业科技企业的主要工作是 R&D。以种苗和饲料为例，这些产品对技术的要求较高，必须经过长期的反复试验以后，才能供应到市场上。由于产业集中度越来越高，因此企业必须提升其核心竞争力。这时，R&D 部门就显得特别重要，它们必须不断地改善和生产新的产品，同时要尝试运用新技术提高其产品的质量等。对于中游企业，它们主要是进行生产活动，必须拥有较先进的工艺对生产过程进行监督和控制，才能保证整个供应链的顺畅和完整。以种植和养殖工艺为例，在这个过程中，它们必须进行反复的试验，R&D 出更先进的工艺，才能够精确地控制肥料、农药、灌溉及饲料的数量和时间，保证动植物快速、健康成长。而下游企业面对的客户主要是农户，这些企业需要解决的最主要的问题就是向农户销售新产品。它们往往会将这些农户集中起来，为他们讲解农业知识，同时播放宣传片，介绍新产品及其使用方法；它们还会将这些产品免费派发给在农户中较有影响力的人，通过让他们亲自使用并获得利益来影响他们身边的农户。因此，企业必须在营销部门投入大量的资源，来确保获得较大的市场份额。（受访者2）

上述文本中，受访者从产业链的视角出发，具体阐述了R&D和营销在上游、中游和下游企业中的重要作用。结果显示，上游企业和中游企业主要是通过R&D来实现技术创新的，其中，上游企业重在进行新产品的R&D，中游企业则重在进行新工艺的R&D；而下游企业主要是通过营销来实现技术创新。

就转制型农业科技企业而言，很大程度上与科研机构保持着千丝万缕的关系，仍然保留着原科研机构的特征。这些企业往往拥有较为雄厚的科研实力，有较多的R&D成果，这些都为企业的发展奠定了良好的基础。因此这些企业主要还是以科技创新为主，对R&D非常重视，在R&D资金、人员等方面的投入较高，而营销观念则比较淡薄，仅仅是单纯地设立了销售部，负责卖出产品。例如，我们企业有60%的人员都是R&D人员，设立了多个研究室，同时还有技术部，这些部门都在进行R&D活动，主要是通过R&D出新的产品去扩大市场份额、占领市场，企业的技术创新主要是由R&D部来承担，当然我们也意识到了营销的重要性，已开始逐步加强营销队伍的建设。私营的农业科技企业则不同，它们相对较为灵活，企业的R&D、生产、营销等部门比较独立，但它们尚处于发展阶段，且没有R&D的优势，因此，R&D活动则相对少一些，很大程度上是通过提高自身的营销能力来进行创新，它们将大部分人力、物力和财力投入营销部门，去不断地发掘好的经销商，运用地方媒体和一些其他社会活动来进行宣传等，往往是通过较强的渠道管理、营销沟通等销售新产品、提升业绩。（受访者3）

可见，将农业科技企业可以分为两类，一类是由原有的科研机构转制而成的，即转制型农业科技企业，另一类是独立的私营农业科技企业。转制型农业科技企业主要通过R&D实现技术创新，私营农业科技企业则主要通过营销实现技术创新。

因此，R&D和营销是农业科技企业进行技术创新的两个主要方面。企业要提高技术创新能力，就要提高其R&D能力和营销能力。当然二者并不是互相独立的，任何一个企业不可能仅仅通过其中一项活动完成技术创新，二者是相互依存，缺一不可的。

3.3　农业科技企业的 R&D 与营销现状

3.3.1　农业科技企业的 R&D

农业科技企业的 R&D 一般可分为两类，一类是以基础研究为主，另一类是以应用研究为主。以基础研究为主的企业拥有独立的 R&D 部门，R&D 能力较强，但目前我国农业科技企业的实力不够强大，较少以基础研究为主。而以应用研究为主的企业，R&D 部门的大部分职能被技术部门取代。

我国农业科技企业的 R&D 周期较长，短则需要 2～3 年，长则需要 6～10年，因此较少企业进行自主 R&D。R&D 一般存在两种形式，即联合申报（与高等院校及科研院所合作共同 R&D）和直接购买（直接购买高等院校及科研院所的科研成果）。其中联合申报的 R&D 流程是"做需求分析—设立项目—与院校进行合作 R&D—申报—成果转化—产品的安全评价—确认投放市场"。直接购买的R&D 流程是"购买 R&D 成果—实验室研究—临床试验—审批—获得许可证"。（受访者 4 和受访者 5）

在整个 R&D 过程中，首先，需要制定完整的 R&D 战略并投入大量的人力、财力、物力，以保证各项活动顺利及时进行；其次，项目的实施和管理是核心内容。因此，主要从 R&D 战略、项目实施与管理及 R&D 投入三个维度来阐述农业科技企业的现状。

1. R&D 战略

目前，多数农业科技企业的领导已逐步意识到 R&D 的重要性，R&D 部门在公司的地位也逐步提升，企业的 R&D 计划能够与公司的整体计划联系在一起，同时，企业会根据对每年科研成果的评估来设立特等奖，一、二、三等奖及管理创新奖等来奖励和鼓励对产品创新、流程创新和效率提高有帮助的员工。也有部分企业仍没有成立单独的 R&D 部门，相关职能被技术部门取代，而且其他部门（尤其是营销部门）参与 R&D 的程度还不够，导致其产品不能全面地满足客户的需求。（受访者 6 和受访者 7）

2. 项目实施与管理

在项目实施前，产品创新程度高的企业，一般都有非常清晰的 R&D 目标，会根据市场需求进行分析，从而 R&D 出客户迫切需求的产品；产品创新程度不高的企业，经常盲目跟从，受市场的影响较大，很难设定一个非常清晰的 R&D目标。在项目实施过程中，R&D 人员必须考虑生物的生长周期及气候条件等影响，需要不断地重复实验，R&D 周期较长、变异性也较大。企业必须设法将整个 R&D 过程控制在系统预期设计的状态。一方面，会制订规范的科研计划；要求 R&D 人员每个季度、每个月汇报项目进度；通过实时检查对 R&D 进度做出评估并及时调整。另一方面，R&D 人员之间会及时地沟通，但有时效果却不是很理想，很难在短时间内找出解决问题的方案；R&D 人员还需根据生产部门反馈的生产过程中的问题，及时对产品做出修正；R&D 人员也要解决营销部门反馈的客户意见，确保 R&D 的产品能够满足客户的需求。（受访者 2 和受访者 6）

3. R&D 投入

R&D 投入主要包括 R&D 人员和 R&D 资金两个方面的投入。目前，我国农业科技企业在这方面呈现出三种层次。一是 R&D 投入比较缺乏的企业，这类企业主要是一些中小型企业，它们是市场的跟随者，生产的产品多数是市场上已有的、但对于企业自身来说是创新的产品。因此，企业所需的投入较少，仅需在遇到好的项目时临时调动资金和人员即可。二是 R&D 投入在行业中处于中等水平的企业，这类企业实施多元化战略，其业务主要以创新的农产品为主，同时也会经营其他行业(如房地产、股票等)的业务，通常会将其他行业获得的利润投资于创新的农产品及其工艺的 R&D，根据实际需要决定 R&D 人员的多少。因此，R&D 投入是按需投入，相对比较充足。三是 R&D 投入相对充裕的企业，在这类企业中，一部分是一些行业的龙头企业(如广东海大集团股份有限公司)，它们有自己的研究院，R&D 人员非常充足。同时，由于企业的收入较高，每年会将固定比例的销售收入投入 R&D，R&D 资金也非常充足。因此，它们对 R&D 的投入非常多。另一部分是承担国家和地方政府项目的企业，它们通常会与高等院校及科研院所合作 R&D，而 R&D 经费主要来自国家和地方政府。因此，R&D 投入也非常充足。（受访者 6、受访者 8、受访者 9）

总体来说，农业科技企业的 R&D 可分为 R&D 战略、项目实施与管理及 R&D 投入三个维度。在 R&D 战略上，R&D 部门的地位越来越重要，但其他部门的参与程度不够；在项目实施与管理过程中，企业能够积极制定措施，但 R&D 人员之间及与其他部门之间的沟通还有待加强；在 R&D 投入上，企业的实力参差不齐，除行业龙头和承担政府项目的企业外，多数企业投入较少。

3.3.2　农业科技企业的营销

目前，我国的农业科技企业多数为模仿创新，生产的产品存在较多的替代品，差异化不够明显。因此主要还是依靠设立的销售部或市场部来扩大销售量，以此来增加绩效，营销的概念在企业中还较为薄弱。企业仅有简单的营销流程：选择目标客户—制订营销计划—选择经销商—销售产品。

营销策划作为营销活动的核心，是指一个企业立足于现有营销状况，对未来的营销发展做出战略性的决策和指导；开发新产品是主体；经销商是连接企业与客户的桥梁；销售队伍直接面对客户，在企业营销过程中起到举足轻重的作用；最后，企业必须通过不同方式宣传产品、塑造品牌形象，让客户了解和认识其产品。因此，我们主要从营销策划、开发新产品、渠道管理、营销沟通和销售队伍五个维度来阐述农业科技企业的营销现状。

1. 营销策划

目前，我国农业科技企业较少地进行完整的营销策划，一般仅对销售进行简单的规划，如对业务量、利润、客户数量和标杆用户数量方面的规划。主要是由于在实际操作中，价格、销量等都或多或少地受到一些不可控因素的影响。例如，农作物的生产周期通常较长，而这个过程中天气、环境等因素可能会影响产量，也可能在这些新产品上市后，较难被市场认可，这些都会间接影响到产品的价格、销量等。当然，也有部分企业在销售产品之前会对市场进行简单的细分，并制定相应的营销策略，如家禽养殖业。以养鸡为例，由于饲养方式的不同，鸡的成熟期也不同，最终选择进入的市场也不同，一般养殖 40～50 天即可食的鸡，其目标市场为餐饮业，它们更注重品质，因此企业重视对品牌形象的提升；养殖 100 多天的鸡，其目标市场为菜市场，它们更注重价格，因此企业重视对价格的调整，往往采取低价策略。（受访者 8 和受访者 10）

2. 开发新产品

企业生产的新产品确认投放市场后，必须接受市场的考验，若不符合客户的要求，则需重新改进。因此，最终存活下来的新产品无论在质量、外观还是效果等各方面都能够满足客户的要求。当然，由于我国农业科技企业还处于初级阶段，多数企业进行模仿创新，产品差异化程度低。同时由于企业资金较为缺乏，多数企业仍以应用研究为主，对先进的技术和工艺应用不足，开发新产品的能力不够强。例如，饲料行业更多的是研究在饲料里添加哪些原料会使饲料的味道更好或使动物更容易消化吸收等问题，无须利用较先进的技术和工艺，因此最终生产的产品创新程度不高，极易被同行模仿生产。（受访者 2 和受访者 11）

3. 渠道管理

目前，整个农业行业的销售方式有三种。第一种是直销，企业只需设立固定的直销网点。多数小企业采用这种方式，主要是由于它们缺乏资金，尚且没有能力去发掘并培养自己的经销商。也有一些大的企业采用这种方式，主要是因为它们的产品创新程度较高，属于行业的领先者，其他企业较难模仿，在市场上已有一定的知名度，无须在其他销售方式上花费较多的资源。第二种是间接销售，主要是以通过经销商销售为主。多数企业采用这种方式，因为它们生产的产品创新程度一般，存在较多的替代品，必须通过扩大渠道的覆盖面来让客户认识并了解其新产品。在这种情况下，企业必须寻找、培养并管理其经销商。首先，企业会寻找推广力度大的经销商，主要是通过同行和老客户的介绍，有时资深员工也可能成为其经销商。其次，当推广力度不够大时，企业需要培养经销商，通常会举办推广活动、技术交流会及技术讲座等，以此向经销商普及产品知识、使用方法并提供技术服务，达到宣传、交流和培训的目的。最后，在不断开拓经销商的过程中，企业会用不同的策略来管理经销商。例如，对待合作时间久的经销商，由于他们对公司理念和产品都比较认可，可以通过经常性的拜访和促销的方式增进感情；对待新的经销商，如果是年轻的，他们容易接受新鲜事物、尝试新的产品，且愿意付出多一点，因此可以向他们介绍创新性强的产品，如果是年老的，他们更相信自己固有的经验，往往要看到实际效果之后才愿意购买新产品，因此有必要免费让其体验产品。第三种是网络营销，目前已有部分大型企业开始意识到网络在当代人生活中的重要性，并借助网络来销售其产品。以北京邦士富生物科技有限公司为例，其网页上有产品展示、在线询价等选项，并且产品展示中已标出产品价格，客户可以直接在线沟通并购买。（受访者 7、受访者 8、受访者 12 和受访者 13）

4. 营销沟通

目前，我国农业科技企业主要运用广告、促销、节事和体验、公共关系和宣传及口头营销的方式来广泛地发布和宣传其新产品。在广告方面，由于新产品最终是要面向农户的，因此往往采用简单的、一目了然的方式。例如，运用简单明了的外包装来宣传产品；还会运用街道横幅、车辆挂牌的方式来宣传产品；也会通过参加年度展会（如畜牧展、食品展、饲料展等）等方式来宣传产品。在促销方面，一般会运用在年度展会上发放优惠券和给予折扣的方式；也会运用定期参加交易博览会的方式来宣传产品。在节事和体验方面，企业通常会举办交流会，来为其客户进行新产品的介绍和服务性工作。在公共关系和宣传方面，多数企业会运用地方媒体；还会通过行业内部的期刊及会议上做的专题报告来宣传产品；也会通过在各地市的研讨会上进行新产品的介绍；一些大型企业还会通过举行产品上市发布会来宣传产品。在口头营销方面，多数企业都会主动发掘标杆示范户，即有影响力的农户（如村干部、科学养殖及大规模养殖的农户），免费让其使用新产品，最终通过口口相传的方式进行宣传。（受访者 4、受访者 6、受访者 7、受访者 8 和受访者 13）

5. 销售队伍

目前，农业科技企业中的销售人员整体素质稍弱，学历水平普遍不高，惰性比较强，自发性比较差，人员流动性也比较高。为了保障销售活动的顺利进行，首先，企业会为销售人员提供有效的培训，主要有销售技巧方面的培训，通常在入职前、工作中都会对销售人员予以技巧方面的培训和指导；也有专业知识的培训，主要集中在新产品的使用方法方面；还有社交能力的培训，包括商务礼仪、沟通方式等方面的培训。其次，企业会为销售人员设立奖励鼓励机制，企业通过设置新产品推广奖来奖励销售冠军；或者运用提高奖金的方式来肯定销售人员；在转制型农业科技企业中，由于历史原因，较多销售人员有股份，每年都有分红，企业也会通过提高分红来激励这些员工。最后，企业会对销售人员实施有效的控制，已有部分较大的企业开始运用信息管理系统，全球定位系统（global positioning system，GPS）来实施控制，但其耗资较大，较多中小型企业无资金实力，通常只采用短信、电话、临时检查的方式来实施控制。（受访者 4、受访者 6、受访者 7、受访者 8 和受访者 13）

总体来说，农业科技企业的营销可分为营销策划、开发新产品、渠道管理、营销沟通和销售队伍五个维度。在营销策划上，由于农业科技企业的特殊性，企业仅会制定简单的销售规划；在开发新产品上，由于企业对新技术和新工艺的利用不足，产品差异化不明显，只能基本符合客户的需求；在渠道管理上，多数企业通过经销商来销售产品，必须适时地开拓、培养并运用合理的方式来管理经销商；在营销沟通上，由于产品的终端客户是农户，因此选择的宣传方式比较简明，易使客户获得和理解；在销售队伍上，鉴于销售人员素质偏低的现状，企业通常采取有效的措施来管理销售队伍。

3.4　研究结论与启示

本项研究选择农业科技企业作为切入点，运用深度访谈的研究方法，对农业科技企业的技术创新进行了详尽的分析，主要获得两点结论。第一，R&D 和营销是农业科技企业的两个重要方面，提高企业的技术创新能力，必须从 R&D 能力和营销能力着手。以往的众多研究中，学者主要从 R&D 投入来研究技术创新对企业绩效的作用，单一地将 R&D 看做技术创新的核心。通过研究发现，在创新程度不高的企业、下游企业、私营企业中，企业更多的是通过创新的营销方式来体现技术创新，因此，营销也是技术创新的核心。第二，农业科技企业的 R&D 现状主要表现在 R&D 战略、项目实施与管理及 R&D 投入三个方面，营销现状主要表现在营销策划、开发新产品、渠道管理、营销沟通和销售队伍五个方面。本章首次将 R&D 分为三个维度，将营销分为五个维度，并分别从这几个维度着手，探索了我国农业科技企业技术创新中的 R&D 和营销现状，拓展了现有的技术创新理论。通过对现状的分析发现，目前我国农业科技企业的技术创新主要存在以下几点的不足：①R&D 投入稍有欠缺；②跨职能部门之间的沟通及合作不够紧密；③开发新产品的能力不够强大。因此，今后可从这几个方面出发，提高企业的技术创新水平，从而提升企业的竞争力，最终推动我国农业经济的发展。

对农业科技企业技术创新的研究，直接丰富和补充了现有的理论和文献，结合研究的结果，可以得出如下几点启示。

1. 政府应加大对农业科技企业的扶持力度，以此弥补 R&D 投入

目前，较多企业的领导已逐渐意识到 R&D 的重要性，但为何仍拒绝在 R&D 过程中投入较多的资金及其他资源呢？主要是因为新产品的 R&D 周期和生产周期较长，同时 R&D 成果市场化的时间也较长，这样就会导致其投入见效慢及收益不稳定的现象。因此企业往往会选择将固定比例的企业销售收入投入股票、期货及房地产方面，以期短时间内获得高回报。近年来，政府也开始制定一些优惠政策来扶持农业科技企业，但办理的手续复杂、成本高，而且在融资方面的支持力度也比较缺乏。因此，政府必须加大力度来扶持农业科技企业，尤其是在融资方面，以此来减少 R&D 投入的风险性，从而使我国农业科技企业能够 R&D 出创新程度更高的产品和工艺。

2. 提高开发新产品的能力，注重产品的差异化，从而提升品牌形象

就我国农业科技企业来讲，市场准入门槛较低，每个企业的竞争对手较多，彼此之间生产的产品无明显差异。客户很难区分产品的好坏。因此，企业要想提高竞争力，必须加大对产品的创新，注重产品的差异化，这样才可以塑造出独特的品牌形象，以此来吸引客户的注意，达到提升业绩的效果。例如，"壹号土猪"将土猪与市场上的饲料猪区分开来，瞄准中产阶层"金领"人群，通过产品来改造市场，塑造了良好的品牌形象，销售额从 2007 年的 3 000 万元上升到 2011 年的超过 4 亿元，几乎保持每年翻番式增长。

3. 加强营销部门和 R&D 部门的沟通与合作

R&D 的最终结果是通过产品实现其功能，R&D 所实现的功能又来源于市场需求，而营销的目的则是帮助客户实现其对产品的需求。因此，在 R&D 的初期，一定要有营销的介入，营销部门需要将客户的需求信息反馈到 R&D 部门，同时，R&D 部门也要深入了解市场动态，更深入地探究客户需求，从而更好地把握和体现营销理念，这样 R&D 出来的产品才能有更好的营销推广方式，使营销最为便捷地实现客户的需求，最终提高企业绩效。

总之，政府的支持和企业内营销部门和 R&D 部门的沟通使企业开发出创新的产品成为可能，产品的创新能力为企业的长期发展奠定了基础。只有这样，才能使我国农业科技企业有立足之地，才能使我国农业科技企业有更好的发展。

第4章

技术创新的市场和营销风险的分析

在国内外，农业科技企业依靠技术创新，为世界农业发展创造了一个又一个辉煌成绩。美国的孟山都公司，是全球排名前三位的农业科技企业，其生物技术产品占全球生物技术作物种植面积的90％以上。这样的农业科技企业在政府的支持下，利用其科技经济实力和先发优势，掌握了农业高科技的制高点，形成了强大的国际竞争优势。在转基因作物种植上，美国种植面积最大。2006年，美国转基因品种中大豆占89％，棉花占83％，玉米占61％（黄钢，2006）。但是，由于转基因技术开辟了一个新的领域，目前的科学技术水平还难以完全准确地预测转基因食品潜在的危险性和安全性，加上转基因技术所引发的伦理问题等，农户和消费者对转基因产品产生了怀疑、拒绝，少数国家（如印度和巴西）甚至禁止种植转基因农作物。这严重影响了转基因技术、产品的市场推广。面对突如其来的市场风险，农业科技企业在营销策略上显得有些不知所措。在目标市场选择上，转基因产品企业无所适从；在促销宣传上，转基因产品不敢亮出真相；在转基因食品的包装上，许多含有转基因原料的食品往往拒绝贴上"转基因食品"的标签，而非转基因食品却额外地贴上了"非转基因食品"的标志，申明其为"绿色食品"（姚琼，2008）。

在市场上命运更加悲惨的是"瘦肉精"。20世纪80年代初，农业科技企业在畜禽口粮中添加"瘦肉精"以提高胴体瘦肉率，改善饲料利用率的饲养方法非常盛行。然而事隔10年后，1990年发生了食用残留该化合物的牛肝引起的食物中毒事件，西班牙43个家庭成为事故受害者。在各国政府的严格禁止下，"瘦肉精"因对人体健康的毒害性，被农户和消费者所拒绝。这种虽然满足农户和消费者对瘦肉率需求而忽视人们安全、健康的方法，最终被市场淘汰。

农业科技企业技术创新，具有科技资源方面的优势，但是缺乏市场优势和营销优势（解宗方，2001）。同时，农业科技企业技术创新以其与人们生命、健康、安全息息相关的独特特征，引起了我们对其市场风险和营销风险的思考。鉴于此，本章将通过企业的微观数据，着重从实证层面分析市场风险和营销风险在农业科技企业技术创新中的影响，并以此提出防范建议。本章分两个步骤进行分析。首先，构建市场风险、营销风险分析的二维框架，即阶段维-风险维，并将风险维细化为子风险。然后，结合技术创新的不同阶段，实证分析市场风险和营销风险在各个阶段的影响，以及各个子风险的影响。

4.1　技术创新的市场和营销风险的理论分析

4.1.1　研究现状

农业科技企业技术创新是一项高风险活动，具有过程复杂、不确定性大和创新周期长（彭林魁，2005；顾丽敏和安同良，2002），以及与人的生命、健康息息相关的特点。过程复杂性主要体现在农业技术创新成果的筛选是一个动态的复杂过程；农业技术成果的产业化是一个复杂的过程；农业技术成果转化为产品并为农民接受是一个复杂的过程。农业技术创新的不确定性主要体现在农业技术方面的不确定性、市场方面的不确定性、技术创新收益分配的不确定性及制度环境方面的不确定性。农业技术创新周期长，体现在技术创新周期是从最初的技术发明或技术专利的产生到最终作为实用化商品进入市场并被消费者接受的长期过程。在农业技术创新过程中，由于受生物生长年限较长的限制，这一周期持续时间很长。农业科技企业技术创新的成果与人的生命、健康息息相关，体现在农业科技企业技术创新的大部分成果将直接或间接进入人们的食物链，安全性直接影响着人们的生命和健康。

在农业科技企业技术创新所面临的各类风险中，市场风险、营销风险不容忽视（牛全保，1999）。因为企业技术创新的最终成果要在市场阶段实现，如果在市场阶段失败，整个技术创新活动将功亏一篑（刘建堤和顾桥，2001）。美国工业协会统计显示，在企业新产品开发项目中，工业品失败率大约为 25%，消费品失败率则为 $30\% \sim 40\%$。对于农业科技企业，市场、营销方面的不确定性对技术创新过程有着决定性的作用。农业经营的比较效益低的特点导致农户采用新技术的动力不足；农业技术外部性强的特点导致农业新技术推广应用不足；农业生产的分散经营现状致使农民应用高新技术的需求不强，加之农民科技文化素质较低加大了他们掌握高新技术的成本（桑晓靖，2004）。同时由于农业生产变化复杂，很难预测未来何种技术将是有用的、何种技术将以一种有利可图的产量和价格被购买，很难预测未来市场需求将以何种方式变化（桑晓靖，2004）。一些成功的和失败的经验均表明，只有以市场和社会需求为导向，开发出适销对路的产品，企业才有强劲的竞争力(解宗方，2001)。

4.1.2　理论框架

市场风险和营销风险是指企业在技术创新过程中，企业市场环境复杂性、多变性和不确定性，以及企业对环境认知能力的有限性，使企业制定的营销战略和策略与市场发展变化的不协调，从而可能导致的企业承受技术创新活动受阻、失败或达不到预期目标等风险(牛全保，1999；梁红波，2007)。这些风险包括企业不可控的市场风险和可控的营销风险(林青和蔡海防，2006)。

企业的技术创新活动通常分成几个不同的阶段，在不同阶段市场风险、营销风险的影响可能有所不同，因此需要构建市场风险和营销风险分析的二维框架，即阶段维-风险维。

在技术创新风险识别的二维空间分析中，学者提出了技术创新的不同阶段的划分。技术创新的三大阶段包括技术创新的构思和实施阶段、技术创新成果的转让阶段和技术创新成果商品化及进入市场阶段(申林和杨华，2000)。四个阶段包括决策阶段、技术阶段、生产阶段和市场阶段(李晓峰，2005)。六个阶段包括创新设想、调研评估、研究开发、中间试验、批量生产、市场销售阶段(吴涛，1999；刘继海等，2006)。事实上，这些阶段的划分没有本质上的区别，只是根据研究的需要将其细化或简化。根据农业科技企业的相关研究(彭林魁，2005)，结合简化原则，将技术创新过程的阶段维分为创新决策阶段、研究开发阶段、生产阶段和市场阶段。进而分析市场风险和营销风险在四个阶段的影响。

此外，为了对市场风险和营销风险进行深入细致分析，还将市场风险和营销风险进行细化，分成不同的子风险(李晓峰，2005)。

1. 市场风险

市场风险是企业不可控的风险因素，由潜在市场容量大小、竞争对手数量、竞争对手实力、农户(消费者)对新产品的接受及农户(消费者)需求变动构成(李晓峰，2005；马志强等，2008)。

(1)潜在市场容量大小。该子因素影响到技术创新产品的市场前景问题，决策者可能由于乐观，对潜在市场容量做出偏高估计。市场容量大小取决于需求者数量、平均购买数量、新产品对原有产品的置换成本等。对消费性的农业科技企业，如农产品加工企业和蔬果、畜禽水产生产企业，技术创新可能表现在改良育种、新栽培养殖技术和农产品深加工技术等方面。其技术创新产品主要由消费者检验。潜在市场容量主要是指可能购买这类农产品及其加工产品的消费者规模。对生产性的农业科技企业，如饲料企业、种子种苗企业，其技术创新产品直接由农户检验，潜在市场容量是指农户的规模。

(2)竞争对手数量。竞争对手包括显现的竞争对手和潜在的竞争对手。竞争对手过多，会减少市场利益，使企业收益减少。

（3）竞争对手实力。如果农业科技企业是实力雄厚的企业，那么众多的实力弱小竞争对手并不可怕。但如果面对的是少数实力强的竞争对手，那么竞争因素带来的风险比较大。

（4）农户（消费者）对新产品的接受及农户（消费者）需求变动。消费者对新产品在储存时间、口感、营养成分、外观、安全性等方面的接受程度。农业科技企业在考虑农户（消费者）的需求，将高新技术产品推向市场方面显得较为薄弱。然而农业科技产品的开发和研究往往受自然规律和经济规律的制约，研究周期较长，若没有切实考虑好市场需求因素，将会大大增强农业科技企业的经营风险。加之直接面向农户的技术产品受农业自身特点和农户的技术偏好（农户往往根据示范效果决定是否采用先进技术）影响较强，这些都增加了企业技术创新的风险。

2. 营销风险

营销风险是企业可控因素，包括企业的信誉与知名度、新产品质量性能、新产品价格和企业营销能力（周仁仪和周喜，2005）。企业的信誉与知名度是一种无形资本。信誉和知名度高的企业，其产品更容易进入市场。新产品质量性能是农业科技企业技术创新的最终成果，是决定技术创新成败的关键。新产品价格的确定，直接影响产品现在及将来的销售。如果定价失误，可能对创新产品造成难以挽回的损失。企业营销能力是指企业的促销能力、销售渠道直接影响创新产品的市场销售。营销能力强的企业，创新产品的生产风险将减小。

4.2 技术创新四个阶段的市场和营销风险分析

4.2.1 数据收集与分析方法

本项研究主要以问卷调查的方法收集一手数据。采用方便样本的方法，从广东省农业科技企业中选取120家企业进行调查。调查形式采用邮寄、电话或面谈的方式。要求相关人员填写"农业科技企业技术创新风险因素对技术创新失败的影响程度问卷表"。评分区间为0～10分，无影响者评0分，影响最突出者评10分。我们对问卷表的主体内容举例如下：在市场阶段，要求企业对"市场因素"和"营销因素"进行评价。问卷表共发放120份，回收有效问卷表72份。

对数据分析，主要用 t 均值检验和多重比较的方法，对各类因素的评分均值进行比较。

4.2.2 研究结果

首先，根据二维框架，分析市场风险和营销风险在技术创新四个阶段的总体评价，评价结果见表4.1。

表4.1 市场风险与营销风险的阶段性评价结果

风险因素	特征值	技术创新阶段			
		创新决策阶段	研究开发阶段	生产阶段	市场阶段
市场风险	平均值	7.47*** (11.006)	6.36*** (4.636)	7.32*** (9.218)	8.74*** (22.418)
	标准差	1.91	2.48	2.14	1.41
营销风险	平均值	6.25*** (4.612)	5.5775** (2.012)	7.10*** (7.421)	8.76*** (23.163)
	标准差	2.30	2.44	2.40	1.38

** 表示 $p < 0.05$；*** 表示 $p < 0.01$

注：括号内为 t 检验值。原假设为 H_0：$\mu = 5$。其中，μ 是调研中获取的平均值；5 是评价区间[0, 10]的中位值

从表4.1看出，市场风险在技术创新的四个阶段的影响评分均在6分以上，营销风险的评分也都在5分以上，而且两类风险在市场阶段的评分接近9分。以评价区间的中位值5分为标准，t 检验结果显示，两类风险在四个阶段的评分在统计上均显著高于5分。说明市场风险和营销风险在技术创新的整个过程中都有显著影响。通过进一步的多重比较得到，市场风险在市场阶段的影响最大，其次是创新决策阶段和生产阶段，在研究开发阶段的影响相对最小。营销风险也在市场阶段的影响最大，其次是生产阶段，再次是创新决策阶段，最后是研究开发阶段。此外，在创新决策阶段和研究开发阶段，市场风险的影响要比营销风险的影响大。而在生产阶段和市场阶段，两类风险的影响基本相同。

其次，分析市场风险和营销风险的子风险的影响，评价结果见表4.2。

表4.2 市场风险和营销风险的子风险评价结果

风险因素	子风险	问卷表/份	平均值	标准差
市场风险	潜在市场容量大小	72	7.85*** (11.689)	2.07
	竞争对手数量	72	6.93*** (8.680)	1.89
	竞争对手实力	72	6.39*** (5.709)	2.07
	农户(消费者)对新产品的接受	72	7.77*** (13.069)	1.80
	农户(消费者)需求变动	72	7.11*** (9.348)	1.92

续表

风险因素	子风险	问卷表/份	平均值	标准差
营销风险	企业的信誉与知名度	72	7.46 *** (10.621)	1.96
	新产品质量性能	72	8.00 *** (16.168)	1.57
	新产品价格	72	7.43 *** (12.619)	1.63
	企业营销能力	72	8.11 *** (16.007)	1.65

*** 表示 $p < 0.01$

注: 括号内为 t 检验值。原假设为 H_0: $\mu = 5$。其中, μ 是调研中获取的平均值; 5 是评价区间[0, 10]的中位值

从表 4.2 看出, 市场风险中的潜在市场容量大小、竞争对手数量、竞争对手实力、农户(消费者)对新产品的接受及消费者需求变动的评分均在 6 分以上。且 t 检验结果显示, 这些子风险的评分在统计上均显著高于 5 分, 表明市场风险中的潜在市场容量等因素均对技术创新有显著影响。通过进一步的多重比较发现, 潜在市场容量大小及农户(消费者)对新产品的接受两个因素的影响要明显强于其他三个因素。

同样, 营销风险中的新产品质量性能、企业的信誉与知名度、新产品价格和企业营销能力的评分均在 7 分以上。t 检验结果显示, 这些子风险的评分在统计上均显著高于 5 分, 表明营销风险中的新产品质量性能等因素均对技术创新有显著影响。进一步的多重比较发现, 新产品质量性能和企业营销能力两个因素的影响要明显强于新产品价格、企业的信誉与知名度两个因素。

综上所述, 市场风险和营销风险在农业科技企业技术创新的整个过程中都起着重要的作用, 尤其是市场阶段的影响尤为突出。同时, 在市场风险中, 农户(消费者)对新产品的接受和潜在市场容量大小是最重要的子风险; 在营销风险中, 新产品质量性能和企业营销能力是最重要的子风险。这一结论也部分证实了杨翾翾等(2009)对新产品开发影响因素的研究结论, 即跨部门目标一致性和各部门早期参与对技术创新的重要作用。

4.2.3　研究讨论

1. 创新决策阶段

在技术创新决策阶段, 潜在市场容量大小等外部市场风险及新产品质量性能等内部营销风险对技术创新活动都产生影响。因为潜在市场容量大小及农户(消费者)对新产品的接受从数量和质量的层面决定了将来技术创新产品的销售规模和企业利润。对消费性的农业科技企业, 如农产品加工企业等, 其技术创新产品主要由消费者检验。此阶段消费者对新产品在储存时间、口感、营养成分、外观、安全性等方面的需求, 决定了企业在改良育种、新栽培养殖技术或农产品深

加工技术等方面的创新方向。对生产性的农业科技企业，如饲料企业、种子种苗企业，其技术创新产品直接由农户检验。此阶段农户对新技术（产品）的偏好、农户使用新技术（产品）的成本等，决定了企业在良种选育、良种繁殖等方面的创新方向。新产品的质量性能是技术创新的最终成果，是满足农户（消费者）需求的载体，可以将潜在市场转变为现实市场，是企业技术创新收益的根本保障。所以，此阶段虽然离新产品进入市场的时间较远，但是市场风险和营销风险是创新决策活动中不可缺少的一部分。当然，在这一阶段，市场风险比营销风险的影响更大。因为市场风险属于企业不可控制的因素，并且农业科技企业技术创新具有创新周期长、过程复杂等特点，所以很难预测未来何种技术将是有用的、何种技术将以一种有利可图的产量和价格被购买，很难预测未来市场需求将以何种方式变化。

2. 研究开发阶段

在研究开发阶段，两类风险的影响最小，但是对技术创新活动仍然有影响。在这个阶段主要是根据创新决策阶段所设定的目标和方案开展新技术（产品）的研发活动，此阶段的市场风险和营销风险因前期充分的决策活动而减弱。同时，对于农产品深加工技术等，如荔枝、木瓜原汁加工保鲜技术，研究开发活动受自然环境和生物生长年限的影响较小，研究开发周期相对较短，所以能较为有效地防止竞争对手赶超，并能对消费者的需求变化做出较快反应。对于蔬果栽培技术、畜禽饲养繁殖技术、种苗种子技术等，农户对新技术（产品）的需求变化相对较小。因此在这个阶段，市场风险和营销风险最小。但是，两类风险的显著影响仍然存在，而且市场风险强于营销风险。研究开发阶段，是将创新决策阶段的概念创新产品从技术上转化为实体新产品的过程。在这个阶段，预先设定的新产品质量性能是研发活动的目标，其技术路线和研究方案的实施和修改，都要以此为准则。另外，农业科技企业技术创新产品有其特殊性，绝大部分产品将直接或间接进入人们的食物链，因此消费者对农产品安全、健康等方面的要求越来越高，市场需求向多元化、快速变化方向发展。而农业科技企业技术创新活动，如蔬果栽培技术、畜禽饲养繁殖技术、种苗种子技术等，受生物生长年限较长的限制，研究周期长，较难在短时间内根据市场变化做出快速反应。因此，在研究开发阶段市场风险强于营销风险。

3. 生产阶段

在生产阶段，市场风险和营销风险的影响次于市场阶段。这个阶段是将研发阶段的实体新产品从生产上转化为商业新产品的过程，为新产品进入市场做好准备。这个阶段临近新产品上市，是较大规模的新产品生产过程，其新产品生产规模受到潜在市场容量大小和农户（消费者）对新产品的接受的影响。例如，大米加工技术创新，采用多次去石、多道碾磨、水磨抛光、电脑色选、品质监测等先进工艺流程，使大米外观、品质和口感等得到极大改进，深受消费者喜爱，从而可能增加市场对该类新产品的需求规模，使新产品生产规模得以扩大。而对于创新种子种苗，虽然可能具有抗病虫、耐储运、商品率高等优良特点，但是农户分散经营现状和风险规避将阻碍农户采用新种子种苗，从而影响新产品的生产规模。同时，生产阶段受到各类因素的影响比研究开发阶段多，包括生产原料的质量、生产环节的控制、财务的支持等，所以，新产品的质量性能是否能达到研发阶段的标准将受到影响。并且在该阶段生产新产品的成本，直接决定了将来新产品上市时的价格。对农户(消费者)而言，过高的新产品价格可能会影响他们对新技术(产品)的尝试和接受。

4. 市场阶段

在市场阶段，两类风险的影响最大。这个阶段是实现商业化新产品价值的阶段，新农产品及加工品将接受消费者检验，新种植技术、新种子种苗等将接受农户(消费者)检验。在这个阶段，新产品的质量性能和价格直接影响了农户(消费者)对新产品的接受，进而影响市场容量的大小。新农产品，如番茄，在品质上具有果实圆润、色泽鲜红亮丽、着色均匀、耐存储等优良特点，同时其价格水平与传统产品相当，因此可能会受消费者喜爱，激发他们的购买欲望，促成其购买。当然也可能有部分消费者不喜欢改良后的产品的口感，进而影响新产品的销售。新种植栽培技术，如荔枝的"矮化、密植、早结、丰产、稳产、优质"栽培技术，可能由于农户使用新技术的价格合适、农业科技企业在促销时采用示范推广及农业科技企业在农户心目中有良好的信誉，所以农户比较容易接受新栽培技术。

4.3　研究结论与启示

4.3.1　研究结论

本章通过对农业科技企业的调研，从实证层面分析市场风险和营销风险在农业科技企业技术创新中的影响。研究得到如下结论。

(1)在技术创新的四个阶段中，市场风险和营销风险都起着重要作用，其中市场阶段的影响更加明显。

(2)在市场风险中，最大的威胁来自于农户(消费者)对新产品的接受和潜在市场容量大小；在营销风险中，最大的威胁来自新产品质量性能和企业营销能力。

4.3.2　研究启示

通过本章研究，对我国农业科技企业的技术创新的风险防范提出以下几点启示。

1. 观念重视

农业科技企业在技术创新的整个过程中，不能忽视市场风险和营销风险的影响。从企业技术创新的创新决策阶段开始，就要对市场风险和营销风险有充分的估计，提出科学的决策。在研究开发阶段，两类风险的影响相对减小，但是对技术创新活动仍然有显著影响。在生产阶段和市场阶段，市场风险和营销风险的影响更加显著，所以需要及时掌握市场的变化、新产品质量性能和企业营销能力等。

2. 密切配合

在整个技术创新过程中，市场风险和营销风险都有影响，这就需要研究部门、生产部门和营销部门等紧密配合、相互依赖，保证信息的畅通。尤其是在创新决策阶段和研究开发阶段，虽然离新产品进入市场的时间较远，但各部门的早期参与可以促进对创新构思的深入了解，界定各部门在技术创新中所处的地位和所负的职责，有利于各部门结合自身在本领域的专业知识对创新提出意见和建议。研发人员更可以依赖营销部门和生产部门的专家提供的专业知识、信息和其他资源来催生创造性，提出具有操作性的技术创新方案。

3. 突出重点

市场风险中尤为关注潜在市场容量大小和农户（消费者）对新产品接受；营销风险中尤为关注新产品质量性能和企业营销能力。在创新决策阶段和研究开发阶段，重点关注市场风险。在创新决策阶段，营销部门尤其要对潜在市场容量大小和农户（消费者）对新产品的接受程度有较为准确的估计，为新产品市场前景提供科学的依据。在研究开发阶段，虽然技术研发部门将发挥至关重要的作用，但是，也要及时掌握外部市场的变化和内部企业营销能力的变化，从而可以及时调整、完善研发方案。

第 5 章

技术创新与绩效：基于 R&D 和营销能力的研究

正如第 1 章和第 2 章所述，对农业科技企业而言，R&D 能力和营销能力是打开技术创新与绩效的"黑箱"关键。进而，本章的研究问题如下：农业科技企业技术创新能力中的 R&D 能力和营销能力对企业绩效产生什么样的影响？具体而言，R&D 能力和营销能力如何直接影响企业的经济绩效？R&D 能力和营销能力如何通过经济绩效对企业的社会绩效产生间接影响？

5.1 R&D、营销能力与绩效的理论分析

5.1.1 R&D 能力与企业经济绩效

R&D 能力是企业开发应用不同技术生产有效的新产品/服务的能力（Krasnikov and Jayachandran，2008）。它是提高企业经济绩效的重要因素之一，能够帮助企业在地区甚至全球市场上获得竞争优势。

R&D 能力对企业经济绩效的影响表现如下：首先，拥有较强 R&D 能力的企业可以应用不同技术开发、生产有效的新产品/服务，满足客户需求（Krasnikov and Jayachandran，2008）。因为，R&D 能力较强的企业，能更好地评估客户的需求并从中寻求机会（Fang et al.，2011）。并且，这些企业拥有独特的、难以复制的技术及广泛的、多样的技术组合。企业可以通过配置技术资源创造出更多样化的、独特的新产品/服务，来满足客户的需求。其次，企业也可以通过对技术的配置以较低的成本创造更大的价值。这样有助于企业降低客户对价格的敏感度、提高销售额、获取高利润。相反，如果企业缺乏相应的技术去满足细分市场中客户的需求，则很难在市场中立足。最后，拥有较强的 R&D 能力的企业，可

以避免将资金投向那些难以成功的产品项目(Yam et al.，2004)；并且通过与外部的合作，以相对较少的 R&D 投入、更好地捕捉和利用外部知识进行创新(Berchicci，2013)。因此，R&D 能力越强，越能保证企业有较高的经济绩效。

实证研究也表明 R&D 能力对企业经济绩效有着显著的正向作用(Lee et al.，2011；Wang et al.，2010；Krasnikov and Jayachandran，2008)。其中，Yam 等(2004)将 R&D 能力细化为 R&D 战略、项目实施与管理、R&D 投入几个维度，并证实了各维度对企业竞争力的不同方面都起到了显著作用。对于我国农业企业的研究，林建华(2004)以养殖业为例，详细阐述了 R&D 在农业龙头企业的产前、产中和产后的重要作用，指出 R&D 贯穿于整个农业产业化链条中。通过对农业龙头企业如何实现持续成长的探讨发现：在一定条件下，企业 R&D 可加快企业一体化的形成，提升企业整体创新能力，塑造农产品品牌并促进企业家成长，从而推动企业规模和运行质量的综合发展。因此，我们可以得到假设 5.1。

假设 5.1　农业科技企业的 R&D 能力对经济绩效有着正向的影响。

5.1.2　营销能力与企业经济绩效

营销能力是指一个企业比其竞争对手更好地去理解和预测客户的需求，并有效地将其产品提供给客户的能力。营销能力[①]包括渠道管理、营销沟通、销售队伍和定价四个维度(Vorhies and Morgan，2005)。在这个过程中企业需要将其可利用的资源转化为目标客户所需要的产品(Morgan，2012；Morgan et al.，2012)。

营销能力对企业经济绩效的影响表现如下：首先，营销能力有助于企业更加深入了解客户的需求和偏好，为企业开发相应的新产品/服务奠定基础(Fang et al.，2011)。营销能力强的企业，可以在特定细分市场中占据有利的、难以复制的地位。企业能够及时获取客户、渠道成员和竞争对手的反馈信息，预见市场变化，更好地判断客户的动态和对产品的需求，也能更好地把握竞争对手的产品和策略。对此，企业能够开发出新的产品来满足客户的需求(Sok and O'Cass，2011)。其次，在了解客户需求、竞争环境、成本和收益及市场对新产品/服务的接受程度后，企业能够有效地宣传和销售新产品/服务，实现新产品的商业化。进而，新产品的成功推出有利于企业获得有利的市场地位、实现长期的增长，为企业销售额的增长提供巨大的贡献(Yam et al.，2004)。因此，营销能力通过对新产品的洞察、快速适应不断变化的环境和成功的产品发布，增强了企业的绩效(Fang et al.，2011)。国内外的实证研究也证实了营销能力对经济绩效的积极影响

---

① 本章与第 7 章营销能力的测量维度略有不同，第 7 章的维度更全面。主要原因在于本章在前期计算过程中，先用六个维度测量了营销能力，但是结构方程模型结果不显著。在模型修正过程中，删除了不显著的维度，最终保留了四个维度(渠道管理、营销沟通、销售队伍和定价)。

（许正良和王利政，2007；张骁等，2009；Nath et al.，2010；Verhoef and Leeflang，2009；Krasnikov and Jayachandran，2008）。因此，我们可以得到假设 5.2。

假设 5.2　农业科技企业的营销能力对经济绩效有着正向的影响。

5.1.3　企业经济绩效与企业社会绩效

目前，已有部分学者研究了企业经济绩效和社会绩效的关系。结果表明，二者之间的关系是正向的（Moore，2001；Uadiale and Fagbemi，2012）。Moore（2001）的研究发现，当企业的经济绩效较好时，企业可利用的资源更多，企业才有能力更好地履行社会责任。Uadiale and Fagbemi（2012）也证实了拥有较高经济绩效的企业为了能够得到更长久的发展，它们会更加关注其在环境管理方面的问题。所以，很显然，只有企业的经济绩效高，企业才有足够的资源并且愿意将其投入履行社会责任方面。

对于农业科技企业而言，如果农业科技企业想要为农村地区提供就业机会、缓解农村剩余劳动力并增加农民的收入，那么企业就必须有足够的能力承担所要消耗的一切费用。所以，好的经济绩效是企业履行相应义务的物质基础。在现实中，那些能够履行社会责任的农业科技企业也都是有较高经济绩效的。因此，我们可以得到假设 5.3。

假设 5.3　农业科技企业的经济绩效对社会绩效有着正向的影响。

本章的理论模型架构如图 5.1 所示。

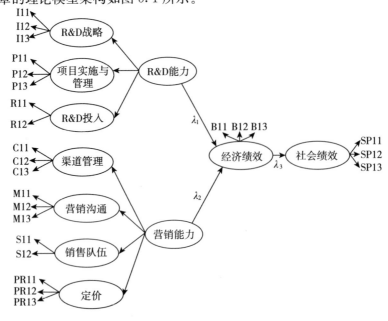

图 5.1　本章的理论模型架构

5.2 资料收集与样本企业的基本特征

5.2.1 资料收集与样本构成

调研的企业是从我国农业科技企业中随机选取的，包括畜牧业、种植业、饲料业等行业。一共选取了 323 家有代表性的企业。

调查方法主要采用了方便样本抽样方法来收集数据。在面对面的访谈调研过程中，共调研了 313 家企业，最终收回 307 份有效问卷。此外，通过邮件调研共收回 10 份有效问卷。因此，我们共有 317 份可用问卷。根据农业科技企业的选择标准来检查样本，279 家企业被最终保留。

在填写了研发经费比例的 267 家企业中，研发经费比例在 0.5% 以下的企业有 15 家，占 5.6%；0.5%～1% 的企业有 60 家，占 22.5%；1%～3% 的企业有 79 家，占 29.6%；3% 以上的企业有 113 家，占 42.3%。对其中的 262 份有效问卷的分析表明：R&D 人员与员工总数比例的平均为 15.2%，但企业之间该比例的最大值和最小值差别大，分别为 93.3% 和 0.2%。在填写了技术创新模式的 274 家企业中，属于自主创新模式的企业有 168 家，占 61.3%；属于合作创新模式的企业有 86 家，占 31.4%；属于模仿创新模式的企业有 20 家，占 7.3%。在填写了员工总数的 279 家企业中，员工总数在 20 人以下的企业有 19 家，占 6.8%；20～299 人的企业有 159 家，占 57.0%；300～999 人的企业有 45 家，占 16.1%；1 000 人及以上的企业有 56 家，占 20.1%。

5.2.2 问卷设计

通过结合我国农业科技企业的现状，吸取和采纳学者的建议，并综合对企业的预调研，对开发的量表中不合适的问项进行了修正。R&D 能力的测量，借鉴了 Yam 等(2004)的量表，包含 R&D 战略、项目实施与管理及 R&D 投入三个维度，测量指标包括领导对研发的重视程度、R&D 部门在公司的地位等。营销能力的测量借鉴了 Vorhies 和 Morgan(2005)的量表，包含渠道管理、营销沟通、销售队伍和定价四个维度，测量指标包括与经销商的关系强度，能够帮助经销商提升销售额、利润等。测量经济绩效时，财务数据往往涉及企业的一些机密信息，较难获得。因此，也采用李克特 7 级量表进行主观绩效的测量。经济绩效包括两个不同的方面，即产品-市场绩效和财务绩效(Morgan，2012)。产品-市场绩效主要反映的是客户的购买行为，可以由市场份额的增长来测量。财务绩效显然是经济绩效中的一个重要方面，用盈利能力的指标来测量年平均销售增长、市场份额和毛利率。在对社会绩效的测量中，借鉴了何艳桃和王礼力(2008)的测量，包括对农民收入的提高程度、企业内人均收入的提高程度和对农业生产力的提高。

问卷使用李克特 7 级量表。1 级表示非常差，2 级表示比较差，3 级表示差，4 级表示一般，5 级表示好，6 级表示比较好，7 级表示非常好。要求受访者根据企业自身的实际情况，和行业的平均水平比较后进行选择。这种主观的判断方式尽管存在受访者的偏见，但仍广泛应用于实证研究中。一方面我们较难得到客观的数据，另一方面客观数据与主观数据存在很强的关联性(Dess and Robinson，1984)。因此，如果量表的信度和效度符合要求，那么主观数据获得的实证结果也是可信的。

5.3　R&D 和营销能力对企业绩效的影响分析

5.3.1　量表信度与效度分析

首先，采用 CFA 来评估整个测量模型(表 5.1)。结果显示，该模型的拟合度比较理想，模型是可以接受的。其中，$\chi^2 = 388.059$，$df = 262$，$p < 0.01$，RMSEA①$= 0.042$，CFI②$= 0.971$，TLI③$= 0.967$，GFI④$= 0.901$。GFI、CFI 和 TLI 都超过了 0.90，RMSEA 也低于 0.05，都在可接受的范围之内。而且观察测量项目在构念上的载荷，均大于 0.5，且 t 值也都大于 1.96，因此，量表具有很好的收敛效度。

表 5.1　二阶验证性因子分析

构念		测量指标	一阶		二阶	
			载荷	t 值	载荷	t 值
R&D 能力	R&D 战略	I11	0.781	12.776 ***	0.822	—1)
		I12	0.826	13.425 ***	—	—
		I13	0.769	—1)	—	—
	项目实施与管理	P11	0.812	17.492 ***	0.898	10.968 ***
		P12	0.909	21.324 ***	—	—
		P13	0.885	—1)	—	—
	R&D 投入	R11	0.849	12.156 ***	0.909	9.333 ***
		R12	0.720	—1)	—	—

---

① RMSEA(root mean square error of approximation，即近似误差均方根)。

② CFI(comparative fit index，即比较拟合指数)。

③ TLI(Tucker-Lewis index，即 Tucker-Lewis 指数)。

④ GFI(goodness-of-fit index，即拟合优度指数)。

续表

构念		测量指标	一阶		二阶	
			载荷	t 值	载荷	t 值
营销能力	渠道管理	C11	0.750	12.753***	0.778	—1)
		C12	0.853	14.395***	—	—
		C13	0.798	—1)	—	—
	营销沟通	M11	0.795	12.773***	0.859	9.485***
		M12	0.731	11.780***	—	—
		M13	0.772	—1)	—	—
	销售队伍	S11	0.902	16.059***	0.832	9.747***
		S12	0.844	—1)	—	—
	定价	PR11	0.644	10.918***	0.849	9.891***
		PR12	0.813	14.211***	—	—
		PR13	0.833	—1)	—	—
经济绩效		B11	0.822	—1)	—	—
		B12	0.846	14.516***	—	—
		B13	0.653	11.042***	—	—
社会绩效		SP11	0.756	—1)	—	—
		SP12	0.890	15.474***	—	—
		SP13	0.917	15.828***	—	—

*** 表示 $p < 0.01$

1)固定参数

　　判别效度指的是一个构念与其他应该有所不同的构念之间不相互关联的程度。如果各个构念的 AVE① 平方根大于该构念与任何其他构念的相关系数，则判别效度较高。表 5.2 的结果中，对角元素是变量的 AVE 值的平方根，其余值为变量间的相关系数值。结果显示，前者均大于后者。因此，该量表的判别效度也是很好的。

表 5.2　信度和效度分析

构念	CR	α	相关矩阵			
			R&D 能力	营销能力	经济绩效	社会绩效
R&D 能力	0.909	0.906	(0.877)	—	—	—
营销能力	0.899	0.901	0.771	(0.830)	—	—
经济绩效	0.820	0.814	0.662	0.678	(0.778)	—
社会绩效	0.892	0.885	0.669	0.664	0.700	(0.857)

注：对角线上括号内的数字是 AVE 值，对角线以下的数字是相关系数的值

---

① AVE(average variance extracted，即平均方差抽取量)。

为检验量表在测量相关变量上是否具有稳定性和一致性，我们计算组合信度（construct reliability，CR）和 Cronbach's α 值来检验量表的信度。四个构念 R&D 能力、营销能力、经济绩效和社会绩效的组合信度均大于 0.5，α 值都大于 0.80。R&D 能力（8 项，CR＝0.909；α＝0.906），营销能力（11 项，CR＝0.899；α＝0.901），经济绩效（3 项，CR＝0.820；α＝0.814），社会绩效（3 项，CR＝0.892；α＝0.885）。结果表明了良好的信度。

5.3.2 相关分析

本章的四个构念分别是 R&D 能力、营销能力、经济绩效和社会绩效。表 5.3 列出了其中各维度的均值、标准差及它们之间的相关系数。

表 5.3 相关系数矩阵

构念	均值	标准差	相关系数								
			1	2	3	4	5	6	7	8	9
1. R&D 战略	5.870	1.060	1	—	—	—	—	—	—	—	—
2. 项目实施与管理	5.488	1.240	0.766	1	—	—	—	—	—	—	—
3. R&D 投入	4.891	1.256	0.737	0.804	1	—	—	—	—	—	—
4. 渠道管理	5.713	0.977	0.490	0.599	0.511	1	—	—	—	—	—
5. 营销沟通	4.973	1.335	0.502	0.617	0.643	0.673	1	—	—	—	—
6. 销售队伍	5.480	1.055	0.517	0.550	0.575	0.651	0.701	1	—	—	—
7. 定价	5.545	0.957	0.474	0.605	0.597	0.669	0.720	0.712	1	—	—
8. 经济绩效	5.374	1.031	0.491	0.566	0.689	0.460	0.587	0.600	0.583	1	—
9. 社会绩效	5.627	1.109	0.699	0.563	0.662	0.485	0.607	0.548	0.552	0.699	1

注：$n＝279$

R&D 能力的三个维度的均值得分在 4.891～5.870。R&D 投入的均值仅为 4.891。说明我国农业科技企业在 R&D 方面的投入较为缺乏。营销能力的四个维度的均值得分在 4.973～5.713。在这几个变量中，相对来讲，营销能力的得分较高，说明企业还是比较重视营销活动的。

就各变量之间的相关系数来看，我们可以初步判断 R&D 能力的三个维度与经济绩效、社会绩效之间是存在显著的正向关系。同样的，我们也可以判断营销能力的四个维度与经济绩效、社会绩效之间也存在显著的正向关系。我们还可以判断得出经济绩效和社会绩效之间有很强的正向关系。

5.3.3 假设检验

本章运用结构方程模型来检验之前提出的假设。结构理论模型如图 5.1 所示。模型拟合度指数较为理想，其中，$\chi^2 = 414.618$，$df = 264$，GFI$= 0.895$，RMSEA$= 0.045$，CFI$= 0.965$，TLI$= 0.960$，IFI[①]$= 0.965$。

表 5.4 列出了概要的结果。通过结构方程模型的标准化路径系数估计，假设 5.1(R&D 能力→经济绩效；$\lambda_1 = 0.377$，$p < 0.01$)认为 R&D 能力对经济绩效有着正向影响成立。证实了 R&D 能力是企业成功的一个关键因素。

表 5.4　结构方程模型结果

路径	假设	影响方向	标准化参数估计		
			参数	估计值	t 值
R&D 能力→经济绩效	5.1	+	λ_1	0.377	3.658***
营销能力→经济绩效	5.2	+	λ_2	0.437	4.132***
经济绩效→社会绩效	5.3	+	λ_3	0.759	10.515***
R&D 能力→R&D 战略	—	—	—	0.819	—1)
R&D 能力→项目实施与管理	—	—	—	0.902	10.931***
R&D 能力→R&D 投入	—	—	—	0.907	9.268***
营销能力→渠道管理	—	—	—	0.778	—1)
营销能力→营销沟通	—	—	—	0.856	9.439***
营销能力→销售队伍	—	—	—	0.833	10.293***
营销能力→定价	—	—	—	0.850	9.888***

*** 表示 $p < 0.01$

1)固定参数

注：$n = 279$

结果同样支持假设 5.2(营销能力→经济绩效；$\lambda_2 = 0.437$，$p < 0.01$)，证实了营销能力对经济绩效有着正向影响。

假设 5.3(经济绩效→社会绩效；$\lambda_3 = 0.759$，$p < 0.01$)也成立。该结果表明经济绩效对 R&D 能力、营销能力和社会绩效起到了中介作用，即 R&D 能力和营销能力会通过经济绩效对社会绩效产生影响。

5.3.4　研究讨论

总的来说，我们的结果表明 R&D 能力和营销能力对经济绩效有着正向影响；经济绩效对社会绩效也有着正向影响。

1. R&D 能力对经济绩效的影响

研究结果表明，R&D 能力对企业的经济绩效起着决定性的作用。这与之前学者的研究结果是一致的(Krasnikov and Jayachandran，2008；Fang et al.，2011；Yam et al.，2004)。如果农业科技企业的 R&D 能力较强，则企业能够以

———————

① IFI(incremental fit index，即增量拟合指数)。

较低的成本研制出较优的产品，从而更好地迎合市场。以种苗业为例，R&D人员必须做大量的试验才能够研发出具有多产、抗虫等特性的种苗，才能满足客户的需求。所以说企业的R&D能力强，则可运用更多的技术组合将客户的需求转化为产品。以饲料业为例，它们还需要改变产品的外观或其他特征来吸引消费者。对畜牧业来讲，它们还必须开发新的饲料配方，不断地调试各项原料的比例，保证以最低的成本配制出最有营养、最健康的饲料，使动物（如猪、鸡）能够快速、健康成长。所以说，企业的R&D能力越强，则越可能以低成本生产出较优的产品，从而更满足客户，并获得更多的客户。

在本研究收集的样本中，一些企业的R&D能力是非常强的。例如，宝桑园，该公司的管理者非常重视其R&D能力。坚持"以人为本、科技领先、以质取胜、持续发展"的经营理念，并设立了较多的研究所和实验室。同时，该公司拥有92名R&D人员，其中包含博士和硕士两类。能够以精益求精的加工技术，开发出一系列天然、绿色、健康的养生食品，受到了消费者的喜爱与赞赏。该公司R&D能力中的各项指标得分均大于或等于5。数据结果表明该公司拥有较强的R&D能力。相反，某些企业的R&D能力则比较弱。例如，它们对R&D资源配置不合理，人力、财力、物力等没有进行高效率的配置；农业科技成果转化率低，其中很多都成了无效供给；研发经费的投入仍然偏少（褚保金和吴川，2001；朱卫鸿，2007）。这些都使企业不能够顺利有效地管理和实施新产品的相关项目。在整个新产品开发过程中，人力、物力和财力是三个非常重要的方面，缺少任一方面都会使整个过程难以正常运行。以本次样本中的一个生物科技公司为例，它的R&D能力各项指标得分均小于或等于4。数据表明其R&D能力是比较弱的。根据受访者的反馈信息，可以发现，该企业将大部分利润投资于其他行业，如房地产或股市等，因此没有足够的钱去雇佣R&D人员，同时也无法购买先进的设备，从而使整个研发活动难以顺利进行。所以说，对农业科技企业而言，R&D能力越强，竞争优势越强，企业越容易达到更优的经济绩效。

2. 营销能力对经济绩效的影响

研究结果显示营销能力对企业的经济绩效有着显著的影响。这与之前学者的研究是一致的（Nath et al.，2010；Verhoef and Leeflang，2009；Krasnikov and Jayachandran，2008）。营销能力对技术创新起着部分决定作用。营销能力较强的企业能够更好地了解和掌握客户的需求，并且能够和客户建立长久的合作关系。这样的企业通常还会采用一些特殊的沟通和促销方式来增加销售，最终占领较大的市场份额。以种苗业为例，在研发一个新品种以前，企业必须要先调查清楚其销售地区的气候、土壤特性和农户的需求。只有这样，最终的产品才能很好的满足农户的需求并被其接受。营销能力较强的企业还必须会选择合适的宣传和促销方式来销售其产品。因此，农业科技企业的营销能力强，则能更好地挖掘出客户的需要并能选取适当的宣传和促销方式来销售其产品。

在本研究收集的样本中，一些企业的营销能力是非常强的。例如，广东智威农业科技股份有限公司主要从事畜禽新品种培育的推广、生产、销售与服务。该公司注重品牌的推广，其中最有名的要数"岭南黄鸡"了。该品种的鸡还出口到东南亚地区，并且在国内高端鸡市场中占据了 10% 的份额。其营销能力的各项指标得分均大于或等于 6，则也表明它的营销能力是很强的。相反，一些企业则不太关注其营销能力。在调查的样本中，有一家企业的营销能力各项指标得分居然都小于或等于 4，但其 R&D 能力得分要高于营销能力得分。这家企业着重于运用先进的生物工程技术，开发和生产饲料等产品。因此，投入了较多的研发资源并产出了较多的研发成果，其产品的创新程度是比较高的。换句话说，该企业运用先进的生产技术开发出高创新度的产品，并试图通过这种产品来占据市场，但是却忽略了销售产品的营销手段，这在很大程度上影响了企业的销售额。因此，企业拥有较强的营销能力则较容易使企业获得竞争优势，从而帮助企业获得更高的经济绩效。

3. 经济绩效对社会绩效的影响

研究结果表明农业科技企业的经济绩效对社会绩效也有非常显著的影响。这与学者 Moore(2001)、Uadiale 和 Fagbemi(2012) 的研究结论是一致的。农业科技企业作为农业经济发展的主力军和先锋，肩负着巨大的社会责任。其发展直接影响着我国的国计民生，有利于解决我国农村地区的就业问题，并且能够缓解农村剩余劳动力，同时还可以增加农民收入，并最终稳定农业基础。一旦企业有足够的资金，它们就可以扩大规模并在农村地区进行投资，这样就可以减少大量的剩余劳动力，同时，在一定程度上也提高了农民的生活水平。相反，如果企业没有足够的利润，就没有能力也没有资源去完成和履行其社会责任。也就是说，经济建设是企业的重中之重，企业必须有经济能力才能履行其义务。因此，只有一个企业的经济绩效强了，才可能有足够的资源去履行其社会责任，才能提高其社会绩效。

5.4　研究结论与启示

本章通过对 317 家企业的调研分析，深度探索了我国农业科技企业的技术创新，并实证研究了技术创新与绩效的关系。结果验证了本研究提出的假设：①R&D 能力对经济绩效有显著的正向影响；②营销能力对经济绩效有显著的正向影响；③经济绩效对社会绩效有显著的正向影响。也就是说，R&D 和营销能力会通过经济绩效对社会绩效起到间接作用。

该研究对现有的理论有以下几点贡献：第一，本章运用结构方程模型检验了

R&D能力、营销能力、经济绩效和社会绩效之间的关系，并通过完善的量表对各变量进行了测量。在此之前，较少有学者研究我国农业科技企业的经济绩效与社会绩效的关系。第二，本章以农业科技企业为基础进行研究，弥补了之前研究的一些空白。

除了在理论方面的贡献，该研究还为企业在实践方面提供了一些启示。第一，管理者必须重视企业的R&D能力，特别是要注重加强R&D投入。只有管理者意识到R&D的重要性，才会主动将资源投入R&D中，企业才能够研发新工艺或引进新工艺、开发新产品等。第二，管理者必须意识到营销的重要性并重视企业的营销能力。在农业经济不断发展的今天，技术创新的先进性与农户水平的滞后性的矛盾越来越突出。在研发出一种新产品以后，必须迅速地将其技术或其他优势转化为市场优势。此时，农业科技企业必须运用其创新的营销模式，帮助客户清晰地认识和了解产品的特性，同时还要及时地收集客户对产品的反馈信息。这就要求营销部门的员工与客户紧密联系，建立良好的长久的关系。例如，在虫灾季节，营销人员必须通过与农户沟通，及时了解庄稼具体受到哪些虫害，并将这些信息全面地反映给管理者。这样，企业才能决定去研发和生产合适的抗虫产品。第三，农业科技企业需要加强R&D部门和营销部门的沟通。从企业技术创新到经济绩效是一个不断循环的过程。企业的技术创新程度高了，才能生产出有竞争力的产品，才能提高其经济绩效。企业的经济绩效提高了，才能有足够的资金提高其技术创新水平。R&D和营销人员的沟通能够避免和消除可预知的、不必要的风险，使得技术创新和经济绩效之间形成一个良性的循环。在研发初期，营销部门为R&D部门提供市场动态和需求信息，R&D部门则可更好地把握和体现营销理念，开发出符合市场需求的新产品。只有做到这些，R&D部门和营销部门才能解决信息不对称的问题，才能使企业的经济绩效得到提高。

该研究在实践中还为政府提供了一些启示。政府应在政策上和资金上加大对农业科技企业的扶持力度。对农业科技企业来讲，不仅其研发周期和生产周期较长，而且其研发成果市场化的时间也较长。在这个过程中，将会出现较多的不确定性因素。因为农产品的生长会很明显地受到土壤、气候、地理环境、自然灾害及其他自然条件的影响。这样就会出现投入见效慢及收益不稳定的现象。所以企业宁愿选择将固定比例的销售收入投入股票、期货及房地产方面，以期短时间内获得高回报，也不愿将资金和其他资源投入产品的开发创新中。因此，政府必须在政策和融资方面加大力度来扶持农业科技企业，以此减少R&D投入的风险性，从而使我国农业科技企业能够茁壮成长。

第6章

技术创新与绩效: 基于上市公司的分析

6.1 农业科技企业创新能力评价体系

6.1.1 研究对象概述

1. 样本选择

由于我国目前已上市的农业科技企业代表了我国农业企业技术创新的最高水平,并且上市的农业科技企业的技术创新数据及绩效数据都可以较容易地通过公司年报等渠道取得。取得的数据也能够详细、全面、翔实地反映公司的技术创新现状及营销情况,此次研究所选取的数据主要来源于上市的农业科技企业首发招股说明书和年报,我们选择的样本如下。

(1)截至 2010 年年末,我国农业行业共有 45 家企业成功上市。我们可以从上市公司网站获取上市公司年报。在这 45 家企业中,全部企业都具有 100 万元以上的流动资金,并且年销售额都达到了 500 万元以上,但是各家企业的研究开发经费占销售总额的比例只是在 1% 左右,其中最小值为 0.08%,源于山东好当家海洋发展股份有限公司。出现这种极端情况的原因是,虽然该公司投入 35 万元作为研发支出,但是公司销售规模太大,其 2010 年的营业收入为 7 亿元左右。

(2)剔除年报中相关指标具体数值不完整及统计时间不明确的 5 家上市农业科技企业,最终我们从 2009~2010 年在农业行业上市的 45 家公司中,确定了 40 家上市农业科技企业作为本次研究的样本。

2. 研究概况

本次研究共搜集了 40 家农业上市公司数据,这些企业的大致状况如下。

(1)从地区分布上来分析:经过对 40 家企业分析后得知,样本企业主要分散于东、中、西部地区。具体而言，东部地区有 21 家企业，占 52.5%；中部地区有 10 家企业，占 25.0%；西部地区有 9 家企业，占 22.5%。

（2）从各行业分布来分析：农业企业共 17 家，占 42.5%；林业企业共 6 家，占 15.0%；畜牧业企业共 9 家，占 22.5%；渔业企业共 8 家，占 20.0%。

（3）从产权属性来分析：国有企业有 17 家，占 42.5%；民营有 22 家，占 55.0%；中外合资企业 1 家，占 2.5%。

（4）从规模来分析：由于此次调查样本选取的是上市公司，所以都以大中型企业为主。

6.1.2　农业科技企业创新能力评价体系研究设计

1. 农业科技企业创新能力评价指标体系的设立原则

为了使农业科技企业的创新能力评价体系能够更加合理并且具有说服力，其必须遵循以下几个原则：①保证评价体系的科学性；②保证评价体系的客观性；③保证评价体系的全面性；④保证评价体系具有可比性；⑤保证评价体系具有可操作性。

2. 指标体系指标的选取

对企业创新能力的衡量方法有许多，国内外学者曾经采用过单一指标法及复合指标法，二者都有其优缺点。但总体而言，复合指标法可以从某些方面弥补单一指标法的缺陷，如弥补了单一指标法不能综合体现企业的整体创新能力的缺陷。结合此次选取的是上市农业科技企业的情况，考虑了在搜集数据的过程中出现的一些问题，如数据都来自于公司已在市场上公布的信息，因此某些公司内部的非公开数据及指标就无法获得，或者不同的公布方式之间还存在一定差异，因此本研究对指标进行了反复斟酌筛选。

为了解决以上在数据搜集中出现的问题，指标主要来源于李龙筠和谢艺（2011）的《中国创业板上市公司创新能力评估》一文，并结合了农业科技企业的实际情况后，剔除了专利数量、企业排名及研发项目数量等难以获得及不具权威性的指标。并且为了突出本次研究的意义——农业科技企业在不同的 R&D 能力及营销能力的情况下企业的绩效差异，此次研究选取了 7 个量化指标，建立的评价农业科技企业的研发指标体系如下。

（1）员工学历水平：大专及以上员工占比。

（2）R&D 能力：①研发费用占营业收入比例；②人均研发投入；③技术研发人员占比。

（3）营销能力：①销售费用占营业收入比例；②广告费用占营业收入比例；③销售人员占比。

以上非量化指标的选取及其评估标准的产生参考了相关学者的研究，其中，大专及以上员工占比可以衡量所有农业科技企业中员工的整体素质及教育水平。R&D 能力方面，研发费用占营业收入比例可以衡量企业的实际研发投入；人均研发投入则可以衡量不同公司间的研发投入水平；技术研发人员占比可以衡量农业科技企业的整体技术水平及 R&D 能力。营销能力方面，销售费用占营业收入比例可以衡量企业具体的营销强度；广告费用占营业收入比例可以衡量企业单纯的广告营销手段在营销能力里的现状；销售人员占比可以衡量企业整体的营销能力水平。

6.1.3　样本技术创新能力数据处理

1. 技术创新数据处理方法及概况

为了能够准确衡量每家上市的农业科技企业的创新能力，本研究选取了2010 年度各公司的财务数据和统计数据计算本科学历以上员工占总员工比重、研发费用占主营业务收入比例、人均研发投入、技术研发人员占总员工比重、销售费用占年销售额比例、广告费占年销售额比例及销售人员占总员工比重7 个指标。相关数据均来自农业上市公司披露的年报及各类公告。

本小节需要对 7 个技术创新指标进行处理，因为 7 个指标是不同量纲的指标，所以需要将其处理为无量纲指标。在处理过程中本研究选择了主观赋值法与功效系数法相结合的方法。

首先，对于每个指标重要程度的评估方面本章采取了主观赋值法，也就是对每个指标赋予了 10 分的标准权重。虽然目前学界认为主观赋值法具有一定的局限性，但是在研究并不成熟的领域中，在对各个指标的影响效果不能确定的情况下，主观赋值法仍被许多学者采用，尤其是在对当前农业科技企业技术创新的研究中，很多文献都采取了这种方法，因此本章依然延续使用这种研究方法。

而在对每个指标进行无量纲处理时，采取了功效系数法。先统计出每个指标序列的最大值（Max）、最小值（Min）、平均值（Mean），即功效系数法中的指标最好值、指标最差值及指标标准值。结合主观赋值法中每个指标占 10 分的权重，则 7 个指标之和的最大值为 70，最小值为 0，均值为 35。再将每个指标的具体数值按式(6.1)转化成相对应的无量纲指数。

$$
\begin{cases}
\left[\dfrac{(X-\text{Mean})}{\text{Max}-\text{Mean}}\times 35+35\right]\times 10\%, & X>\text{Mean} \\[4mm]
\left[35-\dfrac{(\text{Mean}-X)}{(\text{Mean}-\text{Min})}\times 35\right]\times 10\%, & X<\text{Mean}
\end{cases}
\tag{6.1}
$$

以此方法可算出高学历人员占比，企业的 R&D 能力、营销能力及由以上指标加和所得的创新能力总值。表 6.1 为样本整体综合创新指数特征分析。

表 6.1　样本整体综合创新指数特征分析

特征值		员工学历水平	R&D能力	营销能力	技术创新水平
样本数量/个	有效值	40	40	40	40
	缺失值	0	0	0	0
偏度		0.317	0.955	0.403	0.563
偏度差		0.374	0.374	0.374	0.374
峰度		−0.925	0.823	−0.977	−0.411
峰度差		0.733	0.733	0.733	0.733
百分位	25	2.340 2	4.399 4	5.351 8	15.317 9
	50	3.515 4	8.610 6	9.093 7	21.350 7
	75	6.809 4	13.045 8	15.735 3	34.907 0

从该频数统计表中可以看出，上市的农业科技企业中，其员工学历水平、R&D能力、营销能力及技术创新水平的偏度统计量分别为 0.317、0.955、0.403 及 0.563，这说明全部变量都是左偏的，有较长的右尾。

其次，在随机分配的假设前提下，综合创新指数均值应为 35，然而根据统计结果显示，2010 年样本整体综合创新指数均值为 24.29，明显低于假设水平 35。从表 6.2 中各项创新量化指标的统计分析，也可以明显看出各项指标超过均值的百分比都低于 50%，分布具有左偏特征。说明我国上市的农业科技企业创新水平低于预期值，并且整体水平偏低。

表 6.2　技术创新指数统计特征描述

指标[1]	中值	均值	最大值	最小值	标准差	超过均值的占比[2]
大专及以上员工占比	31.53	34.51	100.00	0.00	23.71	42.50
研发费用占营业收入比	0.93	1.28	7.83	0.08	1.59	35.00
人均研发投入	0.38	1.13	11.11	0.02	2.146	25.00
技术研发人员占比	11.96	15.51	65.08	0.83	13.20	37.50
R&D能力指数	9.65	9.57	26.11	1.06	6.176	45.00
销售费用占营业收入比	4.82	5.30	15.40	0.50	4.104	45.00
广告费用占营业收入比	0.24	0.50	2.43	0.01	0.637	27.5
销售人员占比	6.66	10.81	73.46	0.33	13.957	25.00
营销能力指数	8.73	10.41	23.24	0.92	6.550	37.50
创新指数	23.69	24.29	53.89	4.98	12.132	42.50

1)"大专及以上员工占比"、"研发费用占营业收入比"、"技术研发人员占比"、"销售费用占营业收入比"、"广告费用占营业收入比"和"销售人员占比"的单位为%，"人均研发投入"的单位为万元/人

2)"超过均值的占比"这列数据的单位为%

2. 农业科技企业技术创新的地域差异

按照东中西三大经济地区(地带)划分，本研究将农业科技企业分为东部、中部、西部三类，如表 6.3 所示。

表 6.3　分地域样本创新指数统计特征描述

地区	企业数/家	中值	均值	最大值	最小值	标准差	超过均值的占比/%
全部	40	23.69	24.29	53.89	4.98	12.132	42.50
东部	21	19.74	23.11	50.08	4.98	12.105	38.10
中部	10	23.69	26.44	53.89	9.54	14.534	40.00
西部	9	26.09	24.66	36.01	6.87	10.197	55.56

东部地区样本个数最多，包括 21 家企业；中、西部地区的个数都在 10 家左右。从中值、均值和超过均值的百分比来看，中部和西部地区的农业科技企业的创新能力要比东部地区的创新能力高。

3. 农业科技企业技术创新的行业差异

对农业企业的行业细分原则主要遵循了中国证券监督管理委员会的行业指引，本研究将我国农业企业划分为农、林、牧、渔四个行业。在表 6.4 中，农业企业为 17 家；林业企业为 6 家；牧业企业为 9 家；渔业企业为 8 家。从中值、均值和超过均值的百分比看，农业的技术创新水平最高，其次是渔业，而林业和牧业相对较低。

表 6.4　分行业样本创新指数统计特征描述

地区	企业数/家	中值	均值	最大值	最小值	标准差	超过均值的占比/%
全部	40	23.69	24.29	53.89	4.98	12.132	42.50
农业	17	32.22	29.29	53.89	6.86	14.05	52.94
林业	6	17.49	22.18	35.78	15.23	9.08	33.33
牧业	9	17.05	18.13	34.29	4.98	8.28	44.44
渔业	8	20.36	22.32	42.90	9.86	10.77	50.00

6.2　农业科技企业绩效评价体系

6.2.1　选取评价指标的原则

指标的选取是农业企业绩效评价体系的建立的基础，应遵循以下原则。

1. 选取关键性指标

选取关键性指标可以突出影响企业财务状况的主要影响因素，倘若绩效指标面面俱到，会使管理者会对其财务状况认识不清，无法认清企业真实状况。

2. 选取战略关联性指标

选取指标必须从企业的战略角度切入，与企业战略目标保持同步，否则，得出的结论就失去了指导意义。

3. 指标选取必须具有可操作性

易取得、易处理的数据永远比晦涩难懂的指标数据更能直观反映企业的现状。抽象不可测量的指标对于研究是毫无意义的。

4. 指标选取需要依据成本效益原则

可以反映农业上市公司绩效的指标有许多，而搜集指标的过程需要花费大量的成本。若此类成本远远大于其带来的收益，那么就应该筛除这类指标。

5. 指标选取需要具有行业针对性

选取的指标必须能够体现农业科技企业的特点，符合农业科技企业的现状，不可以将其他行业，如制造业及工业的绩效指标生搬硬套过来使用。

6.2.2　财务绩效指标选取

企业的财务指标分析可以利用会计基本资料对企业的财务活动及结果进行深度剖析，从静态和动态两方面体现了企业的经营状况，从而促使企业不断改善管理、提高效益。

在研究的基础上，借鉴《关于印发〈企业效绩评价操作细则（修订）〉的通知》（财统〔2002〕5 号），结合数据的可获取性，从农业上市公司公布的财务报表中选取部分代表性指标，构建农业上市公司业绩评价指标体系，从而系统衡量公司的经营绩效。由于企业经营效益水平主要表现在盈利能力、营运能力、偿债能力和发展能力等方面，此次绩效评价体系的指标主要也涵盖这四个方面，分别为企业的营运能力指标、偿债能力指标、发展能力指标及盈利能力指标，每类指标下各有三个细分绩效指标，如图 6.1 所示。

1. 营运能力指标

营运能力指标通常代表企业目前的经营情况，这类指标通常是通过企业的管理效率判断其是否能够进一步创造更多利润。从很多企业的经营状况上来看，一家营运能力不高的企业是很难维持其高利润的经营状况的。因此，营运能力能够有效地反映上市公司的经营管理效率，体现了企业的资金应用效果。此次选取的营运能力指标有以下三个。

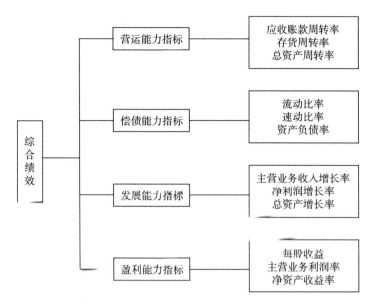

图 6.1　农业科技企业绩效评价

指标 1：应收账款周转率。应收账款周转率反映了企业应收账款的变现速度，从而体现企业的管理效率。应收账款周转率高说明企业应收账款收回快，企业运转能力强。

应收账款周转率＝主营业务收入净额/应收账款平均余额

指标 2：存货周转率。存货周转率反映了企业存货的周转水平。存货周转率越高说明企业存货量低，产品流动性越强，存货的变现能力强。

存货周转率＝主营业务成本/存货平均余额

指标 3：总资产周转率。总资产周转率可以衡量企业整体资产的周转水平，体现了企业运用总资产赚取利润的能力。

总资产周转率＝主营业务收入净额/平均资产总额

2. 偿债能力指标

偿债能力主要体现企业偿还债务的能力，这个指标反映了上市公司经营的健康性及其资产的安全性。流动比率及速动比率通常反映企业偿还短期债务的能力，而资产负债率则反映企业偿还长期债务的能力。偿债能力指标过低表明企业负债少、经营过于保守、企业发展有可能过慢。而负债能力指标过高则说明企业负债过多、资金流动频繁且没有保障。

指标 4：流动比率。流动比率反映了企业偿还短期债务的能力。企业的流动资产越多，短期债务越少，则流动比率越大，说明企业的短期偿债能力强。

流动比率＝流动资产/流动负债

指标 5：速动比率。速动比率排除了存货对流动资产的影响，因此它进一步衡量了企业流动资产中可立即变现并立即偿还流动负债的能力。

$$速动比率＝（流动资产－存货）/流动负债$$

指标 6：资产负债率。资产负债率反映总负债在总资产中占据的比重。这个指标可以衡量企业在清算时保护债权人利益的程度。

$$资产负债率＝负债总额/资产总额×100\%$$

3. 发展能力指标

发展能力指标体现了企业的成长性及发展性。运用此指标可以预测企业未来的经营状况及其扩大市场的能力。

指标 7：主营业务收入增长率。主营业务收入增长率可以用来衡量主营业务的经营发展情况。

$$主营业务收入增长率＝（本期主营业务收入－上期主营业务收入）/上期主营业务收入×100\%$$

指标 8：净利润增长率。净利润增长率反映了企业利润的增长情况，从价值最大化的角度说明了企业的扩张速度，是能够体现企业长期成长和发展的重要指标。

$$净利润增长率＝（当期净利润/上期净利润）×100\%－100\%$$

指标 9：总资产增长率。总资产增长率反映了企业当年资产规模的增长情况。

$$总资产增长率＝本年总资产增长额/年初资产总额×100\%$$

4. 盈利能力指标

盈利能力指标主要通过主营业务利润率、净资产收益率等来反映企业主营业务创造利润的能力。而对于上市公司而言，其盈利能力决定了股票价值，因此每股收益也反映了企业的盈利能力。

指标 10：每股收益。每股收益是测定股票投资价值的重要指标之一，其反映了每股的税后收益，此指标越高，说明企业的经营状况越好，当年所获利润越多。每股收益是分析上市公司价值的一个重要指标，其综合反映了上市公司的获利能力。

指标 11：主营业务利润率。主营业务利润率是指主营业务利润与主营业务收入净额的比值，是影响企业整体经营收益的主要因素。

$$主营业务利润率＝（主营业务利润/主营业务收入净额）×100\%$$

指标 12：净资产收益率。净资产收益率是指净利润与平均净资产的比值。该指标越高，说明由企业净资产投资带来的收益越高；该指标越低，说明企业的获利能力越弱。

$$净资产收益率＝(净利润/平均净资产)\times100\%$$

6.2.3　样本技术财务绩效数据处理

通过参阅这 40 家农业科技企业的年报，收集到关于农业科技企业绩效的指标。计算绩效指标的方法仍然是权重分析法(计算技术创新能力时的方法)，首先可以得出每个细化指标的权重得分，其次对每类指标(营运能力指标、偿债能力指标、发展能力指标、盈利能力指标)下的三个指标进行加和，可以得到 40 家企业的四类财务指标总得分。

从农业科技企业的营运能力方面来看，农业科技企业的现状差别还是很显著的。其中以种业板块的中垦农业(600313)营运能力指标最强，权重得分达到了21.86。与排在最后一位的永安林业(000663)的权重得分 1.65 相比，差距达到了20 倍之多。其他农业科技企业的权重得分有高有低，但总的说来，牧业板块在营运能力指标方面的表现不错。但整个农业科技企业共有的一个弊端就是应收账款的回收存在不稳定的情况，但由于其利用效率较高，所以产值水平十分可观。农业科技企业在运营方面还有一个问题就是比起其他行业，农业科技企业的存货利用率较低，流动资产的附加值较低，导致了整个行业的营销能力都不高。

从负债能力指标来研究农业科技企业的现状可以发现，与营运能力一样，农业科技企业的偿债能力之间的差异也十分巨大。其中以大康牧业(002505)的表现最为优秀，权重得分为 20，是权重得分最小的香梨股份(600506)的 4 倍左右。在此指标上，农、林、渔、牧四个行业的表现虽然都比较平均，但整体的表现仍不太好。

从农业科技企业的发展能力来看，农业科技企业的发展能力也是有差异的。其中发展能力指标最强的是在各方面表现都比较优秀的星河生物(300143)，它的发展能力权重得分为 21.09。而排名最后的开创国际(600097)的权重得分与其他同类企业的差异巨大，仅为 1.84。但在发展能力指标上表现优秀的企业，如新赛股份(600540)、大康牧业(002505)，却是在创新能力方面权重得分很低的企业，造成这个问题的原因，将在接下来的讨论中进行深层次分析。

从农业科技企业的盈利能力来看，农业科技企业在这方面的差异是很大的。权重得分 25.88(最大值)的登海种业(002041)和权重得分 1.49(最小值)的景谷林业(600265)，差距达 25 倍之多。这说明有很多因素影响了企业的盈利能力。所有企业的主营业务利润率都较高，但净资产收益率却不甚理想，每股收益也由于上市公司的各种财务及政策影响，并没有很好的收益。盈利能力是企业非常重要的绩效指标，因为只有保障了盈利，才能逐步提高企业的偿债能力并激发企业的发展潜力。

表 6.5 是营运能力指标与偿债能力指标描述性统计分析，从表 6.5 可以看出，最大值与最小值之间的差距很大，其中，差异最大的是应收账款周转率，其

最大值和最小值相差了近 180 倍。其中，登海种业（002041）的应收账款周转率最小，为 2.08。也就是说，登海种业（002041）应收账款一年约周转 2 次。而壹桥苗业（002447）的应收账款周转率最大，为 360.04，之所以出现这种异常数据，是因为该公司 2010 年加大了催款力度，收回了全部的应收账款。

表 6.5　营运能力指标与偿债能力指标描述性统计分析（单位：%）

特征值	应收账款周转率	存货周转率	总资产周转率	流动比率	速动比率	资产负债率
均值	27.85	6.133 0	0.530 5	3.212 1	2.467 7	39.031 3
标准差	57.48	13.711 14	0.238 04	4.398 88	4.381 24	18.814 40
偏度	5.275	4.702	0.488	3.413	3.774	−0.070
偏度差	0.374	0.374	0.374	0.374	0.374	0.374
峰度	30.261	23.761	−0.314	13.897	16.583	−0.963
峰度差	0.733	0.733	0.733	0.733	0.733	0.733
最小值	2.08	0.49	0.14	0.16	−0.25	5.03
最大值	360.04	80.45	1.13	24.38	24.38	71.84

注：营运能力与偿债能力各指标的样本有效值均为 40，样本缺失值均为 0

表 6.6 是发展能力与盈利能力指标描述性统计分析。其中，属于发展能力指标的主营业务收入增长率、净利润增长率和总资产增长率皆出现了最小值为负数的情况，这说明，某些企业当年的主营业务收入降低、净利润减少及总资产萎缩，整个企业处在负增长阶段。由此说明虽都为上市的农业科技企业，但它们的绩效差异却是巨大的，发展能力也不能够一概而论。

表 6.6　发展能力指标与盈利能力指标描述性统计分析

特征值	主营业务收入增长率/%	净利润增长率/%	总资产增长率/%	每股收益/元	主营业务利润率/%	净资产收益率/%
均值	32.642 5	76.585 0	53.336 8	0.380 3	24.110 2	13.028 5
标准差	57.442 40	116.192 84	70.724 04	0.316 38	14.340 36	13.160 65
偏度	4.445	1.303	1.773	1.057	0.729	3.495
偏度差	0.374	0.374	0.374	0.374	0.374	0.374
峰度	24.707	1.973	2.357	0.374	0.726	16.579
峰度差	0.733	0.733	0.733	0.733	0.733	0.733
最小值	−28.75	−90.17	−12.02	0.02	0.22	0.72
最大值	349.84	444.26	278.97	1.19	66.07	79.55

注：发展能力与盈利能力各指标的样本有效值均为 40，样本缺失值为 0

　　而从两张表的偏度统计指标量来看，除了总资产周转率的偏度统计量为 0.488，主营业务利润率的偏度统计量为 0.729，这两者有轻微左偏；以及资产负债率的偏度统计量为 -0.07，有轻微的右偏。剩下的 9 个指标的偏度统计量都大幅度大于 0，应收账款周转率偏度统计值甚至达到了 5.275。以上说明这 9 个指标都是左偏的，并不符合正态分布。表 6.7 为绩效指标的正态分布检验表，更准确地说明了这个情况。不论是 Kolmogorov-Smirnov 法（简称 K-S 法），还是 Shapiro-Wilk 法（简称 S-W 法），除了总资产周转率、资产负债率及主营业务增长率这三个指标的 p 值（Sig.）是远远大于显著度 0.05 的，说明这三个指标接受数据呈正态分布这个原假设。而剩余的 9 个指标，其 p 值都为 0.000、0.025 或 0.001，都小于 0.05，说明这 9 个指标下的数据拒绝了原假设，这九组数据都不符合正态分布。

表 6.7　绩效指标的正态分布检验表

绩效指标	K-S 法			S-W 法		
	统计量	自由度	p	统计量	自由度	p
应收账款周转率	0.397	40	0.000	0.387	40	0.000
存货周转率	0.340	40	0.000	0.377	40	0.000
总资产周转率	0.124	40	0.122	0.963	40	0.206
流动比率	0.285	40	0.000	0.582	40	0.000
速动比率	0.275	40	0.000	0.536	40	0.000
资产负债率	0.085	40	0.200*	0.964	40	0.237
主营业务收入增长率	0.219	40	0.000	0.566	40	0.000
净利润增长率	0.189	40	0.001	0.894	40	0.001
总资产增长率	0.291	40	0.000	0.738	40	0.000
每股收益	0.149	40	0.025	0.890	40	0.001
主营业务利润率	0.093	40	0.200*	0.967	40	0.283
净资产收益率	0.191	40	0.001	0.672	40	0.000

＊表示 $p < 0.1$

6.3　技术创新能力对绩效的影响分析与讨论

6.3.1　样本分析的实证方法介绍

　　由于本次研究中绩效的 12 个指标中，既有呈正态分布的数据，也有非正态分布的数据，因此在本次研究中，我们既要使用方差分析法来分析各组呈正态分布的数据之间平均值的差异是否显著，又要使用非参数统计法检验来分析各组非正态分布的数据之间平均值的差异是否显著。

1. 方差检验

本章采用方差分析法分析不同水平创新能力与绩效的关系。方差分析法是由 R. A. Fisher 发明的，用于检验多个样本均值间差异是否具有统计意义的一种方法，通常用于两个及两个以上样本均值间差异的显著性检验。

方差分析的假定条件有以下四个：①各处理条件下的样本都是随机选取的；②各处理条件下的样本都是独立的，否则可能出现无法解释的输出结果；③各处理条件下的样本分别来自正态分布总体，否则使用非参数分析；④各处理条件下的样本方差相同，即具有齐性，表示为 $\sigma_1^2 = \sigma_2^2 = \sigma_3^2 = \cdots = \sigma_k^2$。

2. 非参数检验

非参数统计法用来检验不满足正态分布的数据或测度水平是定序水平的数据。非参数检验可以检验多个独立样本，如检验几种不同方法、决策或实验条件所产生的结果是否相同。多个独立样本非参数统计中常用的方法有 Kruskal-Wallis 检验（简称 K-W 检验）、中位数检验和 Jonckheere-Terpstra（简称 J-T 检验）检验。本章主要采用 J-T 检验，这种检验方法是由 Terpstra（1952）和 Jonckheere（1954）独立提出的。它可以确定 k 个样本是否来自同一个总体，仅仅需要假定这 k 个样本有相似的连续分布，而且所有的观测值在样本内和样本之间都是独立的。而且它考虑到样本位置是否呈现持续上升态势，其原假设可以表示为 $H_0: \theta_1 = \theta_2 = \cdots = \theta_k$，$H_1: \theta_1 \leqslant \theta_2 \leqslant \cdots \leqslant \theta_k$（其中至少有一个不等式完全成立）。

6.3.2 样本的方差分析过程与结果

1. 方差分析过程

第一步，将权重法处理过的企业创新能力进行排序，并依据创新能力的强弱将企业的创新能力指标分为强、中、弱三个水平。为了使用 SPSS 软件处理方便，将强、中、弱三个水平分别赋值为 1、0、−1。

第二步，依据创新能力强弱，整理 40 家农业科技企业的绩效指标，将总资产周转率、资产负债率、主营业务利润率这三组呈正态分布的数据录入 SPSS 软件，并进行方差分析。

2. 农业科技企业技术创新能力与绩效的方差分析结果

由于总资产周转率、资产负债率与主营业务利润率三个指标下的数据是呈正态分布的，因此这三组数据处理时需要使用方差分析法。

1）技术创新能力与营运能力指标（总资产周转率）及偿债能力指标（资产负债率）的关系

技术创新能力与总资产周转率及资产负债率的方差分析表如表 6.8 所示。

表 6.8　技术创新能力与总资产周转率及资产负债率的方差分析表

能力指标	总资产周转率		资产负债率	
特征值	平方和	p	平方和	p
组间	0.026	0.802	18.568	0.975
组内	2.184	—	13 786.714	—
总值	2.210	—	13 805.281	—

总资产周转率是营运能力指标之一，能够反映企业当下的运营情况，并由此判断企业目前经营情况是否正常。表 6.8 是农业科技企业技术创新能力与总资产周转率及资产负债率的方差分析统计结果。当总资产周转率在创新能力分为强、中、弱三个比较组时，p 值为 0.802，远远大于 0.05，接受方差分析的原假设，组间均值相等，没有显著差异，即技术创新能力的强弱并不能影响农业科技企业总资产周转率。

资产负债率是偿债能力指标之一，其能很好地反映企业现金流的周转情况及企业的短期负债情况，由此可以判断企业变现能力的强弱。由表 6.8 的分析结果可以看出，资产负债率的 p 值为 0.975，接近 1，说明了按创新能力强、中、弱分类的三组数据，其结果并没有显著差异，接受方差分析的原假设，组间均值相等，即创新能力的强弱无法对农业科技企业的资产负债率产生影响。

2）技术创新能力与盈利能力指标（主营业务利润率）的关系

技术创新能力与主营业务利润率的方差分析表如表 6.9 所示。

表 6.9　技术创新能力与主营业务利润率的方差分析表

特征值	平方和	p
组间	1 621.169	0.015
组内	6 399.023	—
总值	8 020.192	—

主营业务利润率是盈利能力的指标之一，反映了一个企业在一个会计年度除去营销成本后，是否有利润、利润有多高。利润越高则企业对资产的利用率越高。在表 6.9 中，主营业务利润率的方差分析 p 值为 0.015，远远小于显著水平的 0.05。因此拒绝方差分析原假设，认为组间均值不相等，不同组间的数据差异显著。所以可以得出结论，不同水平的技术创新能力，其主营业务利润率是有差异的，并且差异显著。也就是说，技术创新能力显著影响了主营业务利润率的变化。

主营业务利润率的方差齐次检验表（Levene 法）如表 6.10 所示。

表 6.10　主营业务利润率的方差齐次检验表（Levene 法）

统计值	df_1	df_2	p
3.531	2	37	0.039

注：Levene 法主要检验两个或两个以上样本间的方差是否具有齐次性

　　另外，在方差齐次检验过程中，其 p 值为 0.039＜0.05，说明方差在 0.05 的水平上有显著差异，所以方差不具有齐性。由此在进行均值多重比较时选择 Tamhane's T2 法，由表 6.11 可以看出仅有技术创新能力赋值为 −1 的组别相较于赋值为 1 的，其显著度差异 p 值为 0.012，均值差为 −15.259 23，证明两组数据的主营业务利润率在 0.05 的水平上有显著差异，并且技术创新能力强的组别的均值明显比弱的组别大。即说明技术创新能力强的企业比创新能力弱的企业，主营业务利润率有显著改善。

表 6.11　主营业务利润率的均值多重比较（Tamhane's T2 法）

(I) 技术创新能力	(J) 技术创新能力	均值差 (I−J)	标准误	p	95%置信区间 下限值	95%置信区间 上限值
−1	0	−4.189 67	4.521 34	0.746	−16.127 8	7.748 4
−1	1	−15.259 23*	4.553 89	0.012	−27.391 3	−3.127 1
0	−1	4.189 67	4.521 34	0.746	−7.748 4	16.127 8
0	1	−11.069 56	5.921 46	0.204	−26.222 0	4.082 9
1	−1	15.259 23*	4.553 89	0.012	3.127 1	27.391 3
1	0	11.069 56	5.921 46	0.204	−4.082 9	26.222 0

＊表示 $p<0.1$

注：Tamhane's T2 法是一种非参数检验。当方差不相等时，可以用于两个以上样本间的均值的两两比较

3. 农业科技企业技术 R&D 能力与绩效的方差分析结果

1）R&D 能力与营运能力（总资产周转率）的关系

R&D 能力与总资产周转率的方差分析表如表 6.12 所示。

表 6.12　R&D 能力与总资产周转率的方差分析表

特征值	平方和	df	均值平方	F	p
组间	0.026	2	0.013	0.218	0.805
组内	2.184	37	0.059	—	—
总值	2.210	39	—	—	—

　　从表 6.12 可以看出，显著性差异 p 值为 0.805，大于 0.05 的显著水平，说

明三组数据的总资产周转率均值没有差异。农业科技企业的研发水平对总资产周转率没有影响。

　　2)R&D 能力与偿债能力指标(资产负债率)的关系

　　R&D 能力与资产负债率的方差分析表如表 6.13 所示。

表 6.13　R&D 能力与资产负债率的方差分析表

特征值	平方和	df	均值平方	F	p
组间	1 887.953	2	943.976	2.931	0.066
组内	11 917.329	37	322.090	—	—
总值	13 805.281	39	—	—	—

　　表 6.13 是 R&D 能力与资产负债率的关系。p 值为 0.066，大于 0.05 却小于 0.1，证明这组数据在 0.05 到 0.1 的显著水平上边缘显著，因此三组数据的资产负债率在这个显著度水平上是显著差异的。

　　由表 6.14 可得，资产负债率的方差齐次性检验 p 值为 0.960。说明该指标下的数据没有显著差异，所以方差具有齐性，采取 LSD 法进行均值多重比较，如表 6.15 所示。

表 6.14　资产负债率的方差齐次检验表(Levene 法)

统计值	df_1	df_2	p
0.040	2	37	0.960

表 6.15　资产负债率的均值多重比较(LSD 法)

(I)R&D 能力	(J)R&D 能力	均值差 (I−J)	标准误	p	95％置信区间 下限值	上限值
−1	0	−3.193 96	6.912 49	0.647	−17.200 0	10.812 1
	1	12.742 31	7.039 34	0.078	−1.520 7	27.005 4
0	−1	3.193 96	6.912 49	0.647	−10.812 1	17.200 0
	1	15.936 26*	6.912 49	0.027	1.930 2	29.942 3
1	−1	−12.742 31	7.039 34	0.078	−27.005 4	1.520 7
	0	−15.936 26*	6.912 49	0.027	−29.942 3	−1.930 2

　　* 表示 $p<0.1$

　　注：LSD 检验，即最小显著差法，由 Fisher 于 1935 年提出，用于两个以上样本间的均值的两两比较

　　表 6.15 显示，赋值为 0 的 R&D 能力中等的组别与赋值为 1 的 R&D 能力较

强的组别，在显著度为 0.05 的水平上有显著差异，并且其均值差值为 15.936 26，说明随着 R&D 能力的增强，其资产负债率的均值有了比较明显的下降。由此证明，比起 R&D 能力中等的企业，R&D 能力较强的农业科技企业容易通过加大 R&D 能力来改善其资产负债率。

3)R&D 能力与盈利能力指标(主营业务利润率)的关系

R&D 能力与主营业务利润率的方差分析表如表 6.16 所示。

表 6.16　R&D 能力与主营业务利润率的方差分析表

特征值	平方和	df	均值平方	F	p
组间	2 023.295	2	1 011.647	6.242	0.005
组内	5 996.898	37	162.078	—	—
总值	8 020.192	39	—	—	—

主营业务利润率的方差齐次检验表(Levene 法)如表 6.17 所示。

表 6.17　主营业务利润率的方差齐次检验表(Levene 法)

统计量	df_1	df_2	p
5.545	2	37	0.008

表 6.16 和表 6.17 显示，不同 R&D 能力情况下，其方差 p 值为 0.005，企业的主营业务利润率有显著差异，并且方差齐次检验的 p 值为 0.008，说明该组数据不具有齐次性。由此采用 Tamhane's T2 法进行均值多重比较，如表 6.18 所示。

表 6.18　主营业务利润率的均值多重比较(Tamhane's T2 法)

(I)R&D 能力	(J)R&D 能力	均值差 (I−J)	标准误	p	95%置信区间 下限值	上限值
−1	0	1.759 51	4.016 20	0.963	−8.819 7	12.338 7
	1	−14.193 85 *	4.761 85	0.028	−26.972 5	−1.415 1
0	−1	−1.759 51	4.016 20	0.963	−12.338 7	8.819 7
	1	−15.953 35 *	5.794 27	0.033	−30.836 4	−1.070 3
1	−1	14.193 85 *	4.761 85	0.028	1.415 1	26.972 5
	0	15.953 35 *	5.794 27	0.033	1.070 3	30.836 4

* 表示 p<0.1

4. 农业科技企业技术营销能力与绩效的方差分析结果

1)营销能力与营运能力指标(总资产周转率)的关系

营销能力与总资产周转率的方差分析表如表 6.19 所示。

表 6.19　营销能力与总资产周转率的方差分析表

特征值	平方和	df	均值平方	F	p
组间	0.365	2	0.182	3.659	0.035
组内	1.845	37	0.050	—	—
总值	2.210	39	—	—	—

表 6.19 中 p 值为 0.035，小于 0.05，由此证明在 0.05 的水平上，随着营销能力的改变，其总资产周转率有显著差异。表 6.20 为总资产周转率的方差齐次检验表。表 6.20 显示，其方差齐次检验值 p 为 0.790，大于 0.05。由此证明该组数据具有方差齐次性，采用 LSD 法进行均值多重比较，如表 6.21 所示。

表 6.20　总资产周转率的方差齐次检验表(Levene 法)

统计值	df_1	df_2	p
0.237	2	37	0.790

表 6.21　总资产周转率的均值多重比较(LSD 法)

(I)营销能力	(J)营销能力	均值差(I−J)	标准误	p	95%置信区间 下限值	95%置信区间 上限值
−1	0	−0.184 10 *	0.086 01	0.039	−0.358 4	−0.009 8
	1	−0.220 15 *	0.087 58	0.016	−0.397 6	−0.042 7
0	−1	0.184 10 *	0.086 01	0.039	0.009 8	0.358 4
	1	−0.036 05	0.086 01	0.678	−0.210 3	0.138 2
1	−1	0.220 15 *	0.087 58	0.016	0.042 7	0.397 6
	0	0.036 05	0.086 01	0.678	−0.138 2	0.210 3

＊表示 $p < 0.1$

表 6.21 可以看出，三组间，营销能力赋值为 −1 组能力较弱组与赋值为 0 的能力中等组和赋值为 1 能力较强组间的 p 值分别为 0.039 与 0.016，说明了 R&D 能力较弱组与 R&D 能力中等组及 R&D 能力较强组都有显著差异，并且能力较弱组与其他两组比较得到的均值差分别为 −0.184 10 及 −0.220 15，证明随着创新能力的增强，总资产周转率有了提高。但并非是创新能力越强，总资产周转率就越高。因为在 R&D 能力中等组与 R&D 能力较强组间的 p 值为 0.678，说明两组间没有显著差异。也就是说，R&D 能力对总资产周转率的影响是有边际效用的，当能力增加到一定程度后，就不会对总资产周转率产生影响了。

2)营销能力与偿债能力指标(资产负债率)的关系

表 6.22 是营销能力与资产负债率的方差分析表，由于其组间 p 值为 0.117，大于 0.05，说明在不同营销能力下，资产负债率没有显著差异，即营销能力对

资产负债率没有影响。

表 6.22　营销能力与资产负债率的方差分析表

特征值	平方和	df	均值平方	F	p
组间	1 512.929	2	756.465	2.277	0.117
组内	12 292.352	37	332.226	—	—
总值	13 805.281	39	—	—	—

3)营销能力与盈利能力指标(主营业务利润率)的关系

营销能力与主营业务利润率的方差分析表如表 6.23 所示。

表 6.23　营销能力与主营业务利润率的方差分析表

特征值	平方和	df	均值平方	F	p
组间	2 150.080	2	1 075.040	6.776	0.003
组内	5 870.113	37	158.652	—	—
总值	8 020.192	39	—	—	—

表 6.23 中，不同营销能力下，组间 p 值为 0.003，远远小于 0.05 的显著水平，说明在不同营销能力水平下，主营业务利润率有很大差异。表 6.24 是主营业务利润率的方差齐次检验表。表 6.24 显示其方差齐次检验 p 值为 0.105，说明该指标下数据具有齐次性，选用 LSD 法进行均值多重比较，如表 6.25 所示。

表 6.24　主营业务利润率的方差齐次检验表(Levene 法)

统计值	df_1	df_2	p
2.394	2	37	0.105

表 6.25　主营业务利润率的均值多重比较(LSD 法)

(I)营销能力	(J)营销能力	均值差(I−J)	标准误	p	95%置信区间 下限值	95%置信区间 上限值
−1	0	−4.636 92	4.851 42	0.345	−14.466 8	5.193 0
−1	1	−17.520 77*	4.940 44	0.001	−27.531 1	−7.510 5
0	−1	4.636 92	4.851 42	0.345	−5.193 0	14.466 8
0	1	−12.883 85*	4.851 42	0.012	−22.713 7	−3.053 9
1	−1	17.520 77*	4.940 44	0.001	7.510 5	27.531 1
1	0	12.883 85*	4.851 42	0.012	3.053 9	22.713 7

* 表示 $p < 0.1$

表 6.25 显示了赋值为−1 的营销能力较弱组与赋值为 1 的营销能力较强组

的 p 值为 0.001，赋值为 0 的营销能力中等组与赋值为 1 的营销能力较强组的 p 值为 0.012。说明营销能力强与营销能力弱、营销能力中等水平下，主营业务利润率有显著差异。但营销能力弱组与营销能力中等水平组间的主营业务利润率却没有显著差异（$p=0.345$），这说明只有营销能力增强到一定程度，才能对主营业务利润率产生影响。当营销能力达到了中等水平后，营销能力对主营业务利润率的影响越发明显。营销能力越强，则其主营业务利润率越高，企业获利越多。

6.3.3　样本的非参数检验过程与结果

因为营运能力下的应收账款周转率、存货周转率指标，偿债能力下的流动比率、速动比率指标，发展能力下的主营业务收入增长率、净利润增长率、总资产增长率指标，盈利能力下的每股收益、净资产收益率这四组共 9 个指标下的数据呈非正态分布，因此这 9 组数据采用非参数检验方法进行分析。

1. 非参数检验过程

第一步，与方差分析法类似。

第二步，依据创新能力强弱，整理 40 家农业科技企业的绩效指标，并将数据录入 SPSS 软件后进行非参数检验。

2. 农业科技企业的技术创新能力与绩效的非参数分析结果

1）技术创新能力与营运能力指标（应收账款周转率、存货周转率）的关系

技术创新能力与应收账款周转率、存货周转率的非参数检验如表 6.26 所示。

表 6.26　技术创新能力与应收账款周转率、存货周转率的非参数检验

营运能力指标	应收账款周转率	存货周转率
技术创新能力分组/个	3	3
样本数量/个	40	40
J-T 统计量	−1.377	−0.236
p	0.168	0.814

表 6.26 显示，不同技术创新能力下，应收账款周转率及存货周转率的双尾检验 p 值分别是 0.168 和 0.814，均大于 0.05，因此不同组间应收账款周转率及存货周转率的差异不显著，技术创新能力不对这两者产生影响。

2）技术创新能力与偿债能力指标（流动比率、速动比率）的关系

技术创新能力与流动比率、速动比率的非参数检验如表 6.27 所示。

表 6.27　技术创新能力与流动比率、速动比率的非参数检验

偿债能力指标	流动比率	速动比率
技术创新能力分组/个	3	3
样本数量/个	40	40
J-T 统计量	0.806	0.558
p	0.420	0.577

表 6.27 呈现了不同技术创新水平下，流动比率与速动比率两个指标下的数据非参数检验 p 值分别为 0.420 与 0.577，这两组数据的差异均不显著，由此技术创新能力不对这两个指标产生影响。

3）技术创新能力与发展能力指标（主营业务收入增长率、净利润增长率、总资产增长率）的关系

技术创新能力与主营业务收入增长率、净利润增长率、总资产增长率的非参数检验如表 6.28 所示。

表 6.28　技术创新能力与主营业务收入增长率、净利润增长率、总资产增长率的非参数检验

发展能力指标	主营业务收入增长率	净利润增长率	总资产增长率
技术创新能力分组/个	3	3	3
样本数量/个	40	40	40
J-T 统计量	−1.551	−0.062	−0.980
p	0.121	0.951	0.327

由表 6.28 可知发展能力指标下的主营业务收入增长率、净利润增长率及总资产增长率在不同水平的技术创新能力的影响下并没有显著差异。因为其 p 值为 0.121、0.951 及 0.327。

4）技术创新能力与盈利能力指标（每股收益、净资产收益率）的关系

技术创新能力与每股收益、净资产收益率的非参数检验如表 6.29 所示。

表 6.29　技术创新能力与每股收益、净资产收益率的非参数检验

盈利能力指标	每股收益	净资产收益率
技术创新能力分组/个	3	3
样本数量/个	40	40
J-T 统计量	0.496	1.005
p	0.620	0.315

由表 6.29 可知，技术创新能力也不影响盈利指标下的每股收益及净资产收益率，因为其 p 值为 0.620 及 0.315。

3. 农业科技企业的 R&D 能力与绩效的非参数分析结果

1）R&D 能力与营运能力指标（应收账款周转率、存货周转率）的关系

R&D 能力与应收账款周转率、存货周转率的非参数检验如表 6.30 所示。

表 6.30　R&D 能力与应收账款周转率、存货周转率的非参数检验

营运能力指标	应收账款周转率	存货周转率
R&D 能力分组/个	3	3
样本数量/个	40	40
J-T 统计量	−0.310	1.402
p	0.756	0.161

由表 6.30 可知，不同营运能力指标下的应收账款周转率与存货周转率的差异不显著，因为其 p 值为 0.756 与 0.161。

2）R&D 能力与偿债能力指标（流动比率、速动比率）的关系

R&D 能力与流动比率、速动比率的非参数检验如表 6.31 所示。

表 6.31　R&D 能力与流动比率、速动比率的非参数检验

偿债能力指标	流动比率	速动比率
R&D 能力分组/个	3	3
样本数量/个	40	40
J-T 统计量	1.427	1.427
p	0.154	0.154

由表 6.31 可知，流动比率与速动比率的非参数检验的 p 值均为 0.154，因此 R&D 能力对这两个指标均不产生影响。

3）R&D 能力与发展能力指标（主营业务收入增长率、净利润增长率、总资产增长率）的关系

R&D 能力与主营业务收入增长率、净利润增长率、总资产增长率的非参数检验如表 6.32 所示。

表 6.32　R&D 能力与主营业务收入增长率、净利润增长率、总资产增长率的非参数检验

发展能力指标	主营业务收入增长率	净利润增长率	总资产增长率
R&D 能力分组/个	3	3	3
样本数量/个	40	40	40
J-T 统计量	−0.732	−0.881	−0.682
p	0.464	0.378	0.495

由表 6.32 可知，在不同 R&D 能力下，发展能力指标下的主营业务收入增长率、净利润增长率，总资产增长率的 p 值分别为 0.464、0.378、0.495，均大于 0.05，因此组间差异皆不显著，说明 R&D 能力不对发展能力指标产生影响。

4)R&D 能力与盈利能力指标(每股收益、净资产收益率)的关系

R&D 能力与每股收益、净资产收益率的非参数检验如表 6.33 所示。

表 6.33　R&D 能力与每股收益、净资产收益率的非参数检验

盈利能力指标	每股收益	净资产收益率
R&D 能力分组/个	3	3
样本数量/个	40	40
J-T 统计量	1.452	1.030
p	0.147	0.303

表 6.33 显示出与之前的研究相同的结果，R&D 能力并不会对盈利能力指标下的每股收益、净资产收益率产生影响，因为其 p 值分别为 0.147 及 0.303，均大于 0.05。

4. 农业科技企业的营销能力与绩效的非参数分析结果

1)营销能力与营运能力指标(应收账款周转率、存货周转率)的关系

营销能力与应收账款周转率、存货周转率的非参数检验如表 6.34 所示。

表 6.34　营销能力与应收账款周转率、存货周转率的非参数检验

营运能力指标	应收账款周转率	存货周转率
营销能力分组/个	2	2
样本数量/个	27	27
J-T 统计量	−0.388	1.213
p	0.698	0.225

在不同营销能力水平下，其营运能力指标仍然没有显著性差异，因为应收账款周转率与存货周转率的 p 值为 0.698 与 0.225，均大于 0.05。

2)营销能力与偿债能力指标(流动比率、速动比率)的关系

营销能力与流动比率、速动比率的非参数检验如表 6.35 所示。

表 6.35　营销能力与流动比率、速动比率的非参数检验

偿债能力指标	流动比率	速动比率
营销能力分组/个	2	2
样本数量/个	27	27
J-T 统计量	0.243	0.728
p	0.808	0.467

与以上分析结果相同，由于 p 值为 0.808 与 0.467，均大于 0.05，所以流动比率与速动比率的组间差异不显著。

3）营销能力与发展能力指标（主营业务收入增长率、净利润增长率、总资产增长率）的关系

营销能力与业务收入增长率、净利润增长率、总资产增长率的非参数检验如表 6.36 所示。

表 6.36　营销能力与主营业务收入增长率、净利润增长率、总资产增长率的非参数检验

发展能力指标	主营业务收入增长率	净利润增长率	总资产增长率
营销能力分组/个	2	2	2
样本数量/个	27	27	27
J-T 统计量	0.437	0.437	0.582
p	0.662	0.662	0.560

由于检验得到的 p 值为 0.662、0.662 与 0.560，所以主营业务收入增长率、净利润增长率、总资产增长率指标的组间差异不显著，说明营销能力不对发展能力指标产生影响。

4）营销能力与盈利能力指标（每股收益、净资产收益率）的关系

营销能力与每股收益、净资产收益率的非参数检验如表 6.37 所示。

表 6.37　营销能力与每股收益、净资产收益率的非参数检验

盈利能力指标	每股收益	净资产收益率
营销能力分组/个	2	2
样本数量/个	27	27
J-T 统计量	3.591	2.863
p	0.000	0.004

每股收益与净资产收益率在在不同水平的营销能力下，其检验 p 值分别为 0.000 与 0.004，远远小于假设的显著水平 0.05。因此这两个指标下的数据是有显著差异的。并且 J-T 检验的零假设是组间均值相等而备择假设为均值呈升序排列。因此当 p 值小于 0.05，拒绝零假设的同时，就是承认了其组间均值实际上是慢慢增长的。因此可以得出结论，每股收益及净资产收益率是随着营销能力的增长而不断增长的。营销能力对每股收益及净资产收益率产生了积极的影响。

6.3.4　技术创新能力、R&D 能力、营销能力与绩效的关系

技术创新能力、R&D 能力、营销能力与绩效总表如表 6.38 所示。

表 6.38　技术创新能力、R&D 能力、营销能力与绩效总表

能力	指标	分析方法	技术创新能力	R&D 能力	营销能力
营运能力	应收账款周转率	非参数检验	无显著差异	无显著差异	无显著差异
	存货周转率	非参数检验	无显著差异	无显著差异	无显著差异
	总资产周转率	方差分析	无显著差异	无显著差异	显著差异(0.05)
偿债能力	流动比率	非参数检验	无显著差异	无显著差异	无显著差异
	速动比率	非参数检验	无显著差异	无显著差异	无显著差异
	资产负债率	方差分析	无显著差异	显著差异(0.1)	无显著差异
发展能力	主营业务收入增长率	非参数检验	无显著差异	无显著差异	无显著差异
	净利润增长率	非参数检验	无显著差异	无显著差异	无显著差异
	总资产增长率	非参数检验	无显著差异	无显著差异	无显著差异
盈利能力	每股收益	非参数检验	无显著差异	无显著差异	显著差异(0.05)
	主营业务利润率	方差分析	显著差异(0.05)	显著差异(0.05)	显著差异(0.05)
	净资产收益率	非参数检验	无显著差异	无显著差异	显著差异(0.05)

由表 6.38 可以看出，不论是企业的技术创新能力、R&D 能力还是营销能力都无法对企业的发展能力产生显著影响。这是因为本章仅选取了上市的农业科技企业一年的财务报表，而企业的技术研发是一个长期的过程，因此当年的技术创新能力对长期发展能力的影响效果并未能反映在当年的绩效报表中。

与之相反的是，不论是企业的技术创新能力、R&D 能力还是营销能力，都在 0.05 的显著度水平上，对企业的主营业务利润率产生了显著影响，这说明技术创新能力、R&D 能力和营销能力仅能对农业科技企业的主营业务产生影响，也就是说技术创新能力仅能对农业技术的发展及农产品的研发等主营业务产生影响，而对企业的其他营业范围，如多样化经营中的房地产、商业等不产生影响。

另外，营销能力可对每股收益及净资产收益率产生显著影响，这是因为在农业科技企业上市后，其股价及销售情况受到市场影响的成分更大，较强的营销投入及营销能力的提升，可以影响公众对该企业产品的认知、对其品牌的认可，从而改善其公众形象并能提升其股价及主营产品的销售量。反映在财务报表上，就是农业科技企业的营销能力在 0.05 的水平上对每股收益及净资产收益率产生了显著影响。

6.4　研究结论与启示

6.4.1　研究结果讨论

在本研究之前，有很多学者对其他各类行业的技术创新能力与绩效做了深入研究。有学者认为创新能使员工更有生产价值，使企业更有效率，获得更多的利润（Dougherty and Hardy，1996）。而国内学者也有类似的结论，他们认为企业创新能力投入与企业价值间显著正相关（周国红和陆立军，2002），并且研发投资更能提高企业价值和经营业绩（徐欣和唐清泉，2010）。除了表现出来的这种共性，其实不同行业之间，创新能力对企业绩效的影响是有差异的。例如，在工业企业中，创新资源的投入及技术的更新可以对企业绩效产生直接的影响，并且创新资源的投入从某方面而言还推动了技术更新对企业绩效带来的影响。但创新资源的配置能力却无法直接对企业绩效产生影响。在制造业中，企业的研发投入与公司的盈利能力及发展能力指标正相关，但与股东获利能力却明显负相关。信息技术行业的技术创新能力也对企业的盈利能力及发展能力指标产生积极影响，但却不与公司股东获利能力相关。至于处于农业行业的高科技企业的技术创新能力与绩效的关系是否与其他行业相似，抑或有其独特的相关关系，却鲜有文献进行研究，也并未得出有意义的结论，这使本次的研究更有意义。

1. 技术创新能力、R&D 能力、营销能力与营运能力绩效

营运能力下有三个指标，其中，应收账款周转率及存货周转率属于非正态分布，采用了非参数检验方法进行分析；总资产周转率属于正态分布，采用了方差分析方法进行分析，如表 6.39 所示。

表 6.39　技术创新能力、R&D 能力、营销能力与营运能力的关系

营运能力指标	分析方法	技术创新能力	R&D 能力	营销能力
应收账款周转率	非参数检验	无显著差异	无显著差异	无显著差异
存货周转率	非参数检验	无显著差异	无显著差异	无显著差异
总资产周转率	方差分析	无显著差异	无显著差异	显著差异(0.05)

第一，技术创新能力、R&D 能力与营销能力无法对企业的应收账款周转率、存货周转率这两个指标产生影响，即这两个指标的数据都没有随着农业高科技企业的技术创新能力、R&D 能力和营销能力的变化而发生改变。这是由于应收账款及存货都属于企业的流动资产，而流动资产的周转能力很大程度上受行业本身特点的影响。农业这个行业有研发阶段、生产阶段、推广阶段、销售阶段，并具有过程复杂、周期长的特点，而且农产品的生产阶段又具有明显的季节性，

因此应收账款周转率及存货周转率更多的是受到农业这个行业自身天然形成的特点的影响。由此说来，技术创新能力、R&D能力及营销能力在客观上对营运能力的这两个指标的影响是十分有限的。

第二，技术创新能力及R&D能力对总资产周转率没有显著影响，但是营销能力却对总资产周转率产生了非常显著的影响。这是由于企业的总资产一般由流动资产和长期资产构成，农业科技企业也不例外。应收账款及存货都属于企业的流动资产，而企业的长期股权投资、控股其他公司、房地产投资等都属于企业的长期资产。营销能力对农业科技企业的应收账款周转率及存货周转率此类流动资产没有显著影响，但是恰恰能对长期资产中的股权投资、控股其他公司及房地产投资等产生显著影响。回归到农业行业现状，目前我国的农业科技企业为了达到多元化经营、降低经营风险及利润最大化的目的，许多农业科技企业在经营其主营业务，即农业产品生产销售的同时，还参与了许多股权投资、房地产开发等经营活动，因此，农业科技企业的营销能力就对企业自身的长期资产周转能力产生了影响，从而对总资产周转率产生了显著影响。

第三，不同水平的营销能力对总资产周转率的影响也不同，如表6.40所示。

表6.40　不同水平营销能力与总资产周转率的关系

营销能力	总资产周转率
弱—中	显著差异(0.05)
弱—强	显著差异(0.05)
中—强	无显著差异

如表6.40所示，营销能力共被分成了三个水平，分别是强、中、弱。营销能力为中、强水平的企业与营销能力弱的企业之间，总资产周转率有显著差异。而营销能力中等水平与强水平企业之间总资产周转率却没有显著差异。这说明营销能力的确会对总资产周转率产生影响，但当营销能力提高的一定强度后，其对总资产周转率的影响效果就不明显了。这是因为营销能力不断增强时，其对总资产周转率的影响产生了边际效用。企业的营销能力越强，其对营销投入的资金也就越来越多，这种情况会不断增加企业的经营成本，继而影响到总资产周转情况。

第四，应收转款周转率与存货周转率的数据状态左偏，说明大多数企业的应收账款周转率及存货周转率都低于行业平均水平。说明农业科技企业的资产周转周期较长，这与农业的行业特点相符，因为农业企业本身就有研发与生产周期长的特点，这是农业企业与其他行业，如信息行业及工业不同的地方。

2. 技术创新能力、R&D能力、营销能力与偿债能力绩效

与营运能力一样，偿债能力下有三个指标，其中，流动比率及速动比率属于

非正态分布，采用非参数检验方法进行分析；资产负债率属于正态分布，采用方差分析方法进行分析，如表 6.41 所示。

表 6.41　技术创新能力、R&D 能力、营销能力与偿债能力的关系

偿债能力指标	分析方法	技术创新能力	R&D 能力	营销能力
流动比率	非参数检验	无显著差异	无显著差异	无显著差异
速动比率	非参数检验	无显著差异	无显著差异	无显著差异
资产负债率	方差分析	无显著差异	显著差异(0.1)	无显著差异

第一，农业科技企业的技术创新能力、R&D 能力、营销能力对流动比率、速动比率这两个指标没有显著影响。流动比率是指流动资产对流动负债的比率，用来衡量企业流动资产在短期债务到期以前，可以变为现金用于偿还负债的能力。企业的速动比率是指流动资产扣除了存货后对流动负债的比率。企业的流动负债包括短期借款、短期金融负债、应付票据、应付及预收款项、职工薪资等。流动负债与流动资产的性质类似，反映了企业短期的资金周转情况，这类指标受行业特点的影响更大。因此农业科技企业的流动比率、速动比率与应收账款周转率、存货周转率一样，更大程度上受农业行业特点的制约及农产品生产周期长等特点的影响。因此可知技术创新能力、R&D 能力与营销能力对其影响的确是有限的。

第二，技术创新能力及营销能力对企业的资产负债率影响不大，而 R&D 能力却对企业资产负债率在 0.1 的水平上产生了影响。这是由于资产负债率是指公司年末的负债总额同资产总额的比率，其体现了企业的资本结构。事实上，对企业资产负债率有影响的因素有两个方面，一方面是外部环境因素，如行业的资产特征、盈利水平等；另一方面则是企业的微观差异，包括管理经验的差异、竞争程度的差异等。对于农业科技企业来说，其所面对的外部环境是一样的，所以这部分对它们之间的资产负债率差异影响是相同的。企业间的资产负债率之所以会产生差异，是因为企业内部的差异，其中很重要的一点就是企业竞争力的差异。企业最核心的竞争力就是该企业与其他企业有差异化的新产品，这点对于农业科技企业也是一样的。因此，我们可以得出农业科技企业的 R&D 能力会逐步对资产负债率产生影响，但 R&D 能力对企业资产负债率的影响也是有限的，因此资产负债率只在 0.1 的水平上有显著差异。总体说来，还是外部环境对企业偿债能力指标的影响较大。

第三，不同水平的 R&D 能力对资产负债率的影响也不同，如表 6.42 所示。

表 6.42　不同水平的 R&D 能力与资产负债率的关系

R&D 能力	资产负债率
弱—中	无显著差异
弱—强	显著差异(0.05)
中—强	显著差异(0.05)

　　本研究将 R&D 能力分为强、中、弱三种水平。其中，R&D 能力较弱的企业与 R&D 能力中等水平的企业，资产负债率并没有显著差异。而 R&D 能力较弱与 R&D 能力较强的企业，资产负债率有显著差异；R&D 能力中等水平的企业与 R&D 能力较强的企业，资产负债率依然有显著差异。这说明了即使农业科技企业的 R&D 能力由较弱水平提高到中等水平，其资产负债率也不能产生显著差异。只有当企业不断提升自己的 R&D 能力直至较强水平时，才能提升企业的核心竞争力，降低其资产负债率。

　　第四，流动比率与速动比率的分布都是左偏的，说明农业科技企业的流动比率与速动比率都低于行业平均水平，说明农业科技企业的资金流动性差，短期偿债能力较弱。这也是顺应了农业的行业特点，由于生产周期长及其季节性，农业产品的变现能力相较其他行业而言较弱，另外农业行业的存货很容易产生滞销及变质问题，这些都会导致农业科技企业的流动比率及速动比率水平较低。

3. 技术创新能力、R&D 能力、营销能力与发展能力绩效

　　技术创新能力、R&D 能力、营销能力与发展能力指标的关系如表 6.43 所示。

表 6.43　技术创新能力、R&D 能力、营销能力与发展能力指标的关系

发展能力指标	分析方法	技术创新能力	R&D 能力	营销能力
主营业务收入增长率	非参数检验	无显著差异	无显著差异	无显著差异
净利润增长率	非参数检验	无显著差异	无显著差异	无显著差异
总资产增长率	非参数检验	无显著差异	无显著差异	无显著差异

　　首先，农业科技企业的技术创新能力、R&D 能力、营销能力对主营业务收入增长率、净利润增长率及总资产增长率这三个指标都没有影响。这是因为增长率是一个过程类指标，其增高与降低是与企业上一年的生产经营状况对比得到的。但通常，农业企业的创新与生产的周期非常长，如一般的种业公司从开始选育到通过审定直至推向市场需 4~7 年，而进入市场后，从产品介绍阶段到成长阶段也需要 2~3 年。也就是说农业科技企业对 R&D 能力及营销能力等方面的投入无法在当年就立刻对增长率产生影响。所以说，单纯从某一年的技术创新及

绩效数据中，并不能立刻推断出农业科技企业的发展能力水平。

其次，主营业务收入增长率、净利润增长率、总资产增长率这三个指标也是左偏分布，说明大部分企业的增长率都低于平均水平。这是由于农业这个行业其自身产品的附加值较低，并且比起其他行业，该行业的发展较为缓慢，这也直接导致了各项发展能力指标下各项增长率水平都较低。

4. 技术创新能力、R&D 能力、营销能力与盈利能力绩效

盈利能力指标下的每股收益及净资产收益率属于非正态分布，采用了非参数检验方法进行分析；主营业务利润率属于正态分布，采用了方差分析方法进行分析，如表 6.44 所示。

表 6.44　技术创新能力、R&D 能力、营销能力与盈利能力的关系

盈利能力指标	分析方法	技术创新能力	R&D 能力	营销能力
每股收益	非参数检验	无显著差异	无显著差异	显著差异(0.05)
主营业务利润率	方差分析	显著差异(0.05)	显著差异(0.05)	显著差异(0.05)
净资产收益率	非参数检验	无显著差异	无显著差异	显著差异(0.05)

第一，技术创新能力、R&D 能力对每股收益及净资产收益率没有显著影响。而营销能力却对这两者都产生了显著影响。并且随着营销能力的增强，企业的每股收益及净资产收益率都呈现增长的势头。首先，来看净资产收益率，净资产收益率是利润与净资产的比值，所以其与企业当年的营业利润、净资产有相关关系。而企业营业利润主要受主营业务收入、营销费用、管理费用及财务费用的影响。农业科技企业的主营业务收入及营销费用等，都会受到营销能力的直接影响。农业科技企业的营销能力越高，其主营业务收入也越多，其净资产收益率也越高。其次，每股收益与净资产收益率密切相关，并具有几乎相同的特性与增长趋势。并且当农业科技企业的股票上市后，股票收益受股票市场的影响就更大，而在股票市场较强的营销能力能对该企业股票买卖产生良性影响，因此每股收益也随着营销能力的增长而不断提升。

第二，技术创新能力、R&D 能力及营销能力都会对企业的主营业务利润率产生显著影响。主营业务利润率是主营业务利润与主营业务收入的比率，直接反映了企业的盈利能力。而主营业务利润又与企业的主营业务收入、主营业务成本有关，以下就从主营业务收入与主营业务成本两个方面来阐述为何技术创新能力、R&D 能力及营销能力会对企业的主营业务利润率产生显著影响。首先，收入方面，R&D 能力的提升能带来新产品等，而营销能力提升能带来新渠道或新客户，这两方面能力的提升都能够明显加大农业科技企业的销售收入。其次，成本方面，R&D 能力的提升能够有效降低生产成本，而营销能力的提升能够直接降低销售成本。成本降低了，利润率自然就提高了，于是就出现了不同组别下，

主营业务利润率显著差异的数据分析结果。

第三，不同水平的技术创新能力、R&D 能力及营销能力，对主营业务利润率的影响不同，如表 6.45 所示。

表 6.45　不同水平的技术创新能力、R&D 能力、营销能力与主营业务利润率的关系

主营业务利润率		
技术创新能力	弱—中	无显著差异
	弱—强	显著差异(0.05)
	中—强	无显著差异
R&D 能力	弱—中	无显著差异
	弱—强	显著差异(0.05)
	中—强	显著差异(0.05)
营销能力	弱—中	无显著差异
	弱—强	显著差异(0.05)
	中—强	显著差异(0.05)

首先，R&D 能力较弱与 R&D 能力为中等水平的情况对比，其主营业务利润率没有显著差异。而 R&D 能力较弱与 R&D 能力较强对比，主营业务利润率有显著差异；R&D 能力为中等水平时与 R&D 能力较强对比，主营业务利润率也有显著差异。这说明了只有当 R&D 能力提升到大概中等水平，其对主营业务利润率的影响才慢慢凸显出来，那时 R&D 能力带来的收入与降低的成本才逐步拉开了差距。

其次，营销能力在对主营业务利润率的影响上与 R&D 能力对主营业务利润率产生了相同影响，因为这两个能力对农业科技企业的作用方式是相似的，都是不断提升收入、压缩成本。

最后，技术创新能力对主营业务利润率的影响情况表现为，只有较弱的技术创新能力与较强的技术创新能力之间才能体现出显著差异。这是因为除了 R&D 能力与营销能力之外，技术创新能力还包括企业的生产能力等方面的内容，因此，技术创新能力并未与 R&D 能力及营销能力达到一致的影响效果。

6.4.2　研究结果总结

1. 我国农业科技企业的创新能力不足

在西方发达国家，技术创新的主体是企业，而不是政府研究开发机构，因为前者的经费投入和经费使用均占绝对优势。在我国，企业技术创新的主体却是企业外的科研院所和高等院校，企业自身的创新能力是十分薄弱的。本次研究分析的 40 家企业中，就有 13 家企业（比例接近 1/3）标准化后的创新能力值小于 0，并且企业的技术创新能力、R&D 能力与营销能力的数据在分布上都出现了左偏的情况，这说明很多企业的这三种能力都是低于平均水平的。因此这些企业不论是在研发过程中，还是营销过程中的投入都是非常低的。许多农业科技企业都出现了在研发及营销中资源稀缺、资金缺乏、员工素质水平不高等问题。

2. 主营业务利润率与技术创新能力、R&D 能力及营销能力都直接相关

本章根据农业上市公司的财务报表的特征，选取了财务报表中比较容易取得的四类共 12 项指标，包括营运能力指标、偿债能力指标，发展能力指标、盈利能力指标。营运能力下的应收账款周转率、存货周转率及总资产周转率；偿债能力下的流动比率、速动比率、资产负债率；发展能力下的主营业务收入增长率、利润增长率、总资产增长率及盈利指标下的每股收益、净资产收益率这 11 个指标在当年的报表中，与企业当年的技术创新能力、创新支出是没有强相关性的。

而与之相反的是，不论是技术创新能力、R&D 能力还是营销能力，对主营业务利润率都有显著影响。从主营业务利润率的平均值可以看出，随着创新能力的增强，当年的主营业务利润率也不断提高。这是由于 R&D 能力影响新产品的研发与生产，而营销能力则直接对新产品的渠道推广及客户挖掘产生直接影响，技术创新能力则更从生产能力等方面直接缩短农产品的生产周期，以上多个原因都可以直接影响主营业务利润率。

3. R&D 能力对资产负债率有显著影响

资产负债率体现了企业的资本结构。除外部环境会对一个企业的资本结果产生影响外，造成每个企业的资本结构不同的更主要的原因是不同企业之间是具有内部差异的。而造成这种内部差异的原因是每个企业的核心竞争力不同。核心竞争力包括很多方面，其中产品作为企业利润的来源，是核心竞争力很重要的一个方面。R&D 能力对新产品的开发产生影响，从而提高企业的核心竞争力，而核心竞争力的改变则会带来资本结构的改变，这会对资产负债率产生直接影响。因此 R&D 能力越强，对农业科技企业的资产负债率的改善就越有帮助。

4. 营销能力对总资产周转率有显著影响

总资产包括了企业的短期资产及长期资产，营销能力无法对农业科技企业的短期资产产生影响，却可以对农业科技企业的长期资产产生明显影响。由于目前我国的农业科技企业参与了许多股权投资、房地产开发等经营活动，而股权投资及房地产开发等就属于企业的长期资产。因此，农业科技企业的营销能力在对企业自身的长期资产周转能力产生影响的同时对总资产周转率也产生了显著影响。

6.4.3　技术创新研究启示

1. 政府需出台相关政策鼓励农业科技企业的创新行为

相较于企业的内部因素，如企业的 R&D 部门架构、技术人员的创新水平等，许多外部因素，如政府政策、外部合作机会等对农业科技企业也会产生显著影响。尤其是国家对农业的扶植政策，直接影响了农业企业的经营与收益。目前政府虽然将公司所得税征收率由 33％降低到了 25％，但这对农业企业的帮助却是杯水车薪。所以政府应该继续推进农业科技企业的政府补助政策，财政专项资金政策，税收优惠、信贷优惠及土地优惠等政策的落实并监督贷款的流向，一定要保证创新资金专款专用。

2. 农业科技企业在技术上需要不断突破

农业目前已是将现代科技成果与传统农业生产紧密结合的现代农业，属于高新技术产业。目前，世界农业研究已从传统的常规育种技术阶段进入生物技术育种阶段，从中、长期的发展要求看，科技型农业企业要实现持续技术创新，获得国际市场竞争力，关键在于提高企业的自主创新能力，开发出具有自主知识产权的技术和产品。近年来农业科技企业业务快速增长，主要得益于其紧密贴合市场需求，依靠现有的集成育种创新体系不断开发符合市场需求的新品种。但我国农业科技企业目前的育种技术主要还停留在常规育种技术阶段，生物技术的运用和尖端研发设备还落后于国外公司，如果公司在生物技术运用上不能有所突破、不能取取不断进步，那么公司推出新品种的速度和新品种的质量将无法巩固和加强已有的竞争优势，并面临被国外大公司逐步挤压的风险。

3. 农业科技企业需要严格控制研发时间

在农业生产活动中，新品种在逐步适应当地的土壤条件、气候条件和耕种方式过程中，其发展潜力与遗传优势将不断衰减，因此必须不断在种子培育方面推陈出新；且随着育种技术水平的提高，种子新品种不断出现，加之同行业之间竞争激烈，新品种更新换代不断加快。同时，培育一个新品种周期较长，投入资金较大，一个新品种从开始选育到通过审定再到推向市场需 5~8 年，进入市场后，从产品介绍阶段到成长阶段需 2~3 年，而且新产品是否具有推广价值，能否充分满足一定环境条件的要求，必须经过田间栽培和生产试验，并按国家相关规定进行审定后才能销售，因此新产品开发具有一定的不确定性。虽然目前许多公司都通过科技创新不断推出新品种，品种储备使公司具备较强的可持续发展能力，但如果不能继续加大科研力度、紧密贴近市场、不断推出符合市场需求的新品种，农业科技企业的经营将面临一系列困难。

4. 农业科技企业的创新能力需要贴近农户

农业科技企业费尽心思研发出来的技术，倘若没有好的营销渠道来到农户身边，那么所做的一切努力都是无用功，由此企业可通过技术服务增加农民收入、提升品牌价值，同时也可促进公司业绩增长。公司可通过在各销售网点配备专业技术人员和技术服务流动车，对种植农户进行培训，指导农户选择好品种，科学种植，提高种植效益，同时搜集产品信息，完善市场调研反馈体系，从而研发出更符合市场需求的新品种。

5. 农业科技企业需要对市场竞争风险有清晰认知

目前中国农业市场集中度低、投入少、缺乏科技创新能力，相对于欧美发达国家，中国农业仍处于发展的初级阶段，具备"育、繁、推"一体化经营能力的企业较少，还没有一家农业企业或科研院所具备与国外企业抗衡的能力，在全球化浪潮的经济形势下，中国农业市场不可避免地受到国外公司进入的严峻威胁和强大冲击。在中国众多的农业细分市场中，杂交水稻是少数能保住并拥有优势的种业，但同样面临国外种业公司不断渗透的威胁。未来如果中国农业种业公司不能在市场网络布局和加强技术服务等方面有所突破，将面临被国外先进种业公司不断挤压的市场竞争风险。

第 7 章

营销能力和企业绩效： 竞争优势的中介作用

中国是一个传统的农业国家，政府一直重视农业的发展。与美国、荷兰等发达国家相比，中国农业的发展水平还有较大的差距，其中一个原因就是中国农业企业的实力较弱(朱应皋和金丽馥，2006)。为了缩小差距，作为农业经营主体之一的农业科技企业，可以发挥技术资源优势，在自主研发基础上，引进国外科技成果，实现产学研相结合，提高农业的竞争力。但是，农业科技企业有技术优势，却没有市场优势(解宗方，2001)。有些农业企业并不重视营销能力的培育，但农业科技企业需要营销能力去适应不断变化的市场环境。因为营销能力可以帮助农业科技企业开发和维护市场，更准确地把握市场趋势，以及明确技术创新的目标和方向(李清政等，2011)。另外，营销能力在传递顾客价值和创造竞争优势方面发挥着重要作用。营销能力可以提高企业分销渠道的覆盖率和企业知名度，通过增加市场份额进而增加企业绩效。所以，中国农业科技企业需要重视营销能力的发展。

国外关于营销能力度量的研究比较丰富，但是国内的研究还比较少。国内学者主要是从自身对营销能力理解的角度来构建营销能力的评价指标，而对于"使用哪些维度来测量营销能力是有效的"等问题的相关研究并不多见。同时，与国外企业相比，在文化、管理体制和运作模式上，国内企业都有自己的一些特点，国外成熟的营销能力的量表，为我们的研究提供了指导和借鉴意义，但不一定完全适合中国本地企业。并且，关于营销能力在中国农业科技企业背景下，以及对营销能力影响企业绩效内部过程的研究还是比较少的。早期的文献强调了三个需要进一步解释和确认的问题。第一，营销能力与企业绩效之间的内部过程需要进一步确认。理论上，营销能力对企业绩效有积极的影响(Day，1994；Vorhies et al.，1999)。大量的实证研究也得出营销能力是企业绩效的驱动因素(Vorhies et al.，2011；Murray et al.，2011；Theodosiou et al.，2012)。另外，部分文献却得出了不同的结论，如 Wang 和 Hsu(2010)以中国台湾企业为例得出营销能力对企业绩效不显著的影响。对于以上结论，一个可能的解释就是营销能力与企业绩效之间不仅仅是直接影响的关系(李巍和王志章，2011)。二者之间可能存在其他被忽视的中介变量，如竞争优势(Murray et al.，2011；李巍和王志章，2011)。所以，基于以上分析，本研究进一步验证竞争优势的中介作用。第二，在不同的环境下，营销能力和竞争优势的测量需要进一步的调整。营销能力的测量相对比较完整，如 Vorhies 和 Morgan(2005)的研究。实证研究中，学者通常选择营销能力的部分维度，或者根据不同的环境调整或修改营销能力的维度进行测量(O'Cass and Ngo，2011；Orr et al.，2011；Ripollés and Blesa，2012；Shin，2012；Theodosiou et al.，2012)。中国农业科技企业的发展处于初级阶段，已有研究显示营销能力的部分维度并不适合中国农业科技企业，需要根据中国农业科技企业的特点进行筛选。另外，竞争优势是早先被忽视但依然重要的变量，需要进一步测量。近期的研究中，竞争优势的测量是比较少见的(Vorhies et al.，2011；Su et al.，2013；Morgan et al.，2012；Theodosiou et al.，2012)。竞争优势的测量是困难的，但是依然重要(Ketchen et al.，2007)。为了更好地理解营销能力与企业绩效之间的关系，竞争优势的测量应该是多维的、具体的。第三，资源基础观作为营销能力与企业绩效研究的理论基础需要更多的实证支撑。Newbert(2007)研究发现，在实证研究中，资源基础观仅获得了 53％的支持。理论上需要更多的关于资源基础观的研究，实证研究中对资源基础观的支持还是不确定的。Newbert(2007)建议学者借助其他理论进一步研究资源基础观。营销能力和企业绩效之间关系的研究是资源基础观的一部分，加之中国农业科技企业是一个独特的环境，这两方面可以加深我们对资源基础观的研究和理解。

本章的主要目的是研究营销能力对企业绩效的影响和竞争优势的中介作用。通过对相关的文献进行回顾，提出研究假设，并用调研收集的数据检验假设，最后得到结论、启示、研究局限和未来研究方向。

7.1 营销能力和企业绩效

营销学者从不同的角度研究营销能力，如研究营销能力与竞争优势、企业绩效之间的关系(Kaleka，2011；Murray et al.，2011)，或与市场导向、企业绩效之间的关系(Merrilees et al.，2011；O'Cass and Ngo，2011)，但并没有得出一个统一的营销能力的定义。众多的研究中，Day(1994)提出的市场驱动型组织的独特能力，即由内而外，由外而内，以及二者结合的跨越式能力，为后续的研究奠定了基础。在此基础上，学者比较认可营销能力是一个整合的过程，利用集体的知识、技能、组织的资源等增加产品、服务的价值，满足竞争的需要(Weerawardena and O'Cass，2004；O'Cass and Weerawardena，2010；Vorhies et al. ，1999；Vorhies and Harker，2000；Tsai and Shih，2004；Lee and Hsieh，2010；Orr et al. ，2011)。国内学者在梳理国外研究的基础上，也得出了类似的观点(何云和卢泰宏，2011；韩德昌和韩永强，2010；王长征和寿志钢，2007)。同时，随着市场需求的迅速变化，Day(2011)指出营销能力要突破营销组合的范畴、更加具有适应性，即适应性的营销能力，来缩短市场需求变化与企业满足这种需求变化之间的差距。所以，基于资源基础观，我们认为营销能力是整合企业的集体知识、技能和资源的需要，是通过增加产品和服务的价值来传递优异的顾客价值，从而满足顾客需求和市场竞争的需要。资源包括有形资源和无形资源，有形资源是企业现有的资源，无形资源包括集体的知识和员工的技能等。营销能力的作用就是通过增加产品和服务的价值来满足顾客需要和应对激烈的市场竞争。在能力的发展过程中，企业间不同的营销能力组成部分导致了企业间绩效不同。

　　为了更好地理解营销能力与企业绩效之间的关系，首先要理解能力是如何发展的(Vorhies et al. ，1999)。能力是积累的知识和技能的集合，可以促进企业更好地利用资源(Day，1994)。当企业的员工重复利用积累的知识和技能解决所遇到的市场问题时，能力就得以发展(Vorhies and Harker，2000)。这是一个学习的过程，也是知识、技能整合的过程。在这个过程中形成的能力根植于组织日常活动中，因为其具有稀缺性、相对稳定性、不易被模仿等特点，从而保证了企业的持续竞争优势。营销能力包含于企业能力，其发展也具有上述特点。

　　从营销能力的定义可知，有形资源和知识、技能等都是企业重要的资源。对于中国农业科技企业而言，资金是其中一种重要的有形资源。资金可以影响部分营销能力的发展(Kaleka，2011)，如新产品开发、渠道的开发和维护及营销沟通等。充足的资金可以使农业科技企业更多地投资在人力和设备上，为顾客提供更多的高质量和高技术含量的产品(Kaleka，2011)。充足的资金也可以帮助企业拓宽销售渠道以增加产品和服务的覆盖率(Leonidou et al. ，2011)，帮助企业运用促销的方式来吸引消费者(李飞和王高，2006)。充足的资金通过影响以上营销能力的发展来增加企业的销量，进而增加企业绩效。另外，营销能力中的无形资源包括积累的知识和技能，其来源于技术知识、专业训练和长期经验等学习过程(Day，1994)。通过深度访谈，我们知道销售人员的专业技能和人际交往技能是最重要的，这些技能会影响他们与渠道成员的关系。大部分的企业通过分销渠道来销售商品(Vorhies and Morgan，2005)。销售人员与渠道成员的关系会影响渠道范围和覆盖率(Leonidou et al. ，2011)、商品的交付时间(Vorhies et al. ，1999)，以及品牌意识和顾客感知，进而影响顾客的购买行为(李宝库，2007)。销售人员的技巧也会更好地指导分销商销售企业的产品。同时，营销能力的知识成分是关于顾客和竞争者的(Song et al.，2007)，随着知识的逐渐积累，销售人员可以掌握获取市场信息的主要方法，获得关于顾客和竞争者的高质量的、持续的信息流(Kaleka，2011)。关于顾客的知识可以通过帮助企业更好地满足顾客需求来建立良好的品牌形象。关于竞争者的信息主要作用是影响定价，因为大多数企业会根据竞争者的价格来调整价格。基于以上分析，拥有不同资源基础的农业科技企业，可以形成不同的营销能力或者影响营销能力的发展。不同企业的营销能力是不同的，并且很难被模仿。即使企业遇到相同的市场问题，不同企业的员工也会利用现有的资源、知识等创造出不同的解决办法(Vorhies et al.，1999；Vorhies and Harker，2000)。所以，营销能力越强的企业，绩效也越好。

在实证研究中，大量的研究已经证实了营销能力对企业绩效有积极的影响(Vorhies and Morgan，2005；Vorhies et al.，2009；Morgan et al.，2009；Nath et al.，2010；Murray et al.，2011；O'Cass and Weerawardena，2010；Theodosiou et al.，2012)。学者从不同的行业或者角度来研究营销能力与企业绩效的关系，如出口企业(Murray et al.，2011)及服务行业(Theodosiou et al.，2012)。Vorhies 等(2011)从引入新的市场知识来提高营销能力的角度研究营销能力与企业绩效之间的关系。另外，一些学者把营销能力作为中介变量来研究营销能力与企业绩效的关系(O'Cass and Weerawardena，2010；Theodosiou et al.，2012)。这些研究都得出了营销能力与企业绩效之间的正向影响关系。

基于以上分析，理论和大多数的实证研究都得出了营销能力对企业绩效有积极的正向影响。因此，本研究假设营销能力对企业绩效有积极的正向影响。

假设7.1　营销能力(渠道管理、营销沟通、品牌管理、销售、定价和新产品开发)对企业绩效有显著的正向影响。

7.2　竞争优势的中介作用

在营销方面相关文献中，大量的研究证明了营销能力对企业绩效有积极的影响(Vorhies and Morgan，2005；Vorhies et al.，2009，2011；Morgan et al.，2009；Nath et al.，2010；O'Cass and Weerawardena，2010；Murray et al.，2011；Theodosiou et al.，2012)。但也有少量的研究没有得出积极的影响关系(Wang and Hsu，2010)。一个可能的解释就是营销能力与企业绩效之间存在其他中介变量(韩顺平和王永贵，2006)，如竞争优势(Murray et al.，2011；李巍和王志章，2011)。因此，把竞争优势纳入营销能力与企业绩效之间关系的研究中是很必要的(Murray et al.，2011)。

竞争优势可以通过利用企业的资源和能力进行价值创造(Leonidou et al.，2011)。资源基础观认为有形资源和无形资源是竞争优势的基础(Lee and Hsieh，

2010)。能力可以整合资源以使资源得到更好的利用(Day，1994)。优势的取得依赖于企业的能力能否很好地适应市场的需求(Leonidou et al.，2011)。例如，企业可以通过降低成本创造更多的顾客价值；通过提供高质量的产品或服务获得产品优势或服务优势。本研究中，竞争优势是营销能力发展的结果(Murray et al.，2011)，而不是战略导向或战略选择(李巍和王志章，2011)。因此，我们选择了三种类型的竞争优势：成本、产品和服务(Leonidou et al.，2011；Murray et al.，2011；Kaleka，2011)。通过访谈得知，这三种竞争优势对农业科技企业而言是十分重要的。成本和产品优势主要包括产品的价格和质量等，服务优势主要指服务的可获得性、技术支持和售后服务。

营销能力是竞争优势的驱动因素(Day，1994；Vorhies et al.，1999；Vorhies and Harker，2000)。优异的营销能力使企业具有根据顾客需求和竞争者信息迅速采取行动的能力(Vorhies et al.，1999)，并通过增加顾客价值来保持竞争优势。在农业科技企业背景下，竞争优势依然与营销能力有紧密的联系。例如，渠道管理和销售能力可以帮助企业与渠道成员建立良好的关系，进而增加渠道的覆盖率和产品、服务的可获得性(Morgan et al.，2009；Mariadoss et al.，2011；Leonidou et al.，2011)；定价能力可以帮助企业利用定价技巧迅速地响应市场竞争的变化(Kemper et al.，2011；Murray et al.，2011)；新产品开发能力通过帮助企业提供高质量产品来提高顾客满意度(Vorhies et al.，1999；Vorhies and Harker，2000；Murray et al.，2011)；品牌管理和营销沟通能力可以帮助企业建立良好的品牌形象以增加顾客重复购买的机会(Vorhies and Morgan，2005；Vorhies et al.，2011；Orr et al.，2011)。因此，营销能力是竞争优势的驱动因素。

在相同的市场环境下，具有竞争优势的企业可以比竞争对手获得更好的绩效(Lee and Hsieh，2010)。当企业的产品价格具有竞争性时，企业就获得了成本优势，同时可以增加顾客的满意度并吸引新顾客(Leonidou et al.，2011)；企业的产品优势体现在优异的质量、设计和其他产品属性，可以增加顾客满意度和顾客忠诚度(Leonidou et al.，2011)；服务优势是在特定市场上，由于服务的独特性所获得的优势(Kaleka，2011)。服务的水平直接影响了顾客最终的购买行为(Kaleka，2011)。因此，相较于竞争对手，独特的竞争优势可以创造更好的企业名声并提高顾客满意，增加顾客重复购买的机会并吸引新顾客，进而提高企业销量和企业绩效。

大量的文献研究表明，营销能力不仅对竞争优势有积极的影响，竞争优势对企业绩效也有积极的影响。基于以上分析，提出以下假设。

假设7.2　营销能力(渠道管理、营销沟通、品牌管理、销售、定价和新产品开发)对竞争优势有显著的正向影响。

假设7.3　竞争优势(成本、产品和服务优势)对企业绩效有显著的正向影响。

7.3　量表设计与样本企业的基本特征

7.3.1　研究设计

1. 问卷设计

基于早期的文献，本研究开发了量表，并根据中国农业科技企业的特点进行了修改。首先，我们对相关的量表进行了仔细的阅读并翻译成中文，为确保准确性又回译成英文，结果显示没有显著差异性。然后，我们与 13 位农业科技企业的中高层领导进行了深度访谈，听取了他们对量表的意见。

我们利用 98 家农业科技企业的数据进行了预调研，删除了因子载荷在 0.50以下和跨因子载荷在 0.40 以上的维度，26 个问项得以保留。营销能力有 17 个问项，其中渠道管理、营销沟通、品牌管理、销售和新产品开发各 3 个问项，定价有两个问项。这些问项在以前的文献中已经运用（Vorhies and Morgan，2003，2005；Vorhies et al.，2009；Merrilees et al.，2011；Theodosiou et al.，2012）。竞争优势有 6 个问项，其中产品、服务和成本优势各两个问项（Morgan et al.，2004；Leonidou et al.，2011；Murray et al.，2011；Kaleka，2011）。企业绩效有3 个问项（Vorhies and Morgan，2003；Leonidou et al.，2011；Kaleka，2011；Morgan et al.，2004，2012）。

本研究使用李克特 7 级量表，1 表示非常不同意，7 表示非常同意。最终的量表包括两部分，第一部分是 26 个问项，第二部分是企业和被访者的个人信息，包括企业名称、规模、成立时间、企业的性质和被访者的性别、年龄、职位和联系方式等信息。

2. 样本描述

采用判断式抽样，根据以下标准选择农业科技企业作为样本：第一，企业必须有自己的 R&D 部门；第二，每年用于研发的经费不少于年销售收入的 1%；第三，企业有自己的经销商。我们共收集了 302 份问卷，根据以下标准对问卷进行了删除：第一，明显连续选取同一数值的、不认真填写的；第二，没有 R&D部门和 R&D 投入的代销企业；第三，不需要中间商的直销企业；第四，出现漏填项的问卷。最终，得到 268 份有效问卷，有效回收率为 89%。

通过对有效问卷进行统计分析得出，样本企业主要分布在山东、福建、上海、北京、广东、浙江等省市，占到样本总数的 60%；公司成立时间为 2～60年，平均为 14 年；59% 的企业员工数在 100 人以上，其中，100～1 000 人的企业有 103 家；1 000～10 000 人的企业有 42 家；10 000～80 000 人的企业有 13

家；85％的企业是民营企业，其他企业中有13家国有企业、12家集体企业和14家外资企业。

本研究的三个主要变量是营销能力、竞争优势和企业绩效。表7.1是这些构念的均值、标准差等信息。

表 7.1 构念间相关矩阵

构念	均值	标准差	相关矩阵									
			1	2	3	4	5	6	7	8	9	10
1. 渠道管理	5.63	0.93	(0.80)	—	—	—	—	—	—	—	—	—
2. 营销沟通	5.13	1.21	0.66	(0.76)	—	—	—	—	—	—	—	—
3. 品牌管理	5.89	0.89	0.62	0.74	(0.82)	—	—	—	—	—	—	—
4. 销售	5.44	1.15	0.64	0.67	0.66	(0.87)	—	—	—	—	—	—
5. 定价	5.60	0.95	0.65	0.74	0.66	0.73	(0.83)	—	—	—	—	—
6. 新产品开发	5.51	0.94	0.57	0.57	0.57	0.65	0.71	(0.76)	—	—	—	—
7. 成本优势	4.82	1.12	0.29	0.28	0.23	0.32	0.3	0.39	(0.80)	—	—	—
8. 产品优势	5.97	0.85	0.51	0.52	0.60	0.53	0.51	0.59	0.48	(0.85)	—	—
9. 服务优势	5.81	1.00	0.54	0.58	0.59	0.66	0.60	0.54	0.47	0.83	(0.87)	—
10. 企业绩效	5.35	1.04	0.48	0.58	0.52	0.62	0.60	0.61	0.43	0.61	0.55	(0.80)

注：对角线上括号内的数字是 AVE 的平方根，对角线以下的数字是变量之间的相关系数

7.3.2 构念测量

1. 营销能力

营销能力是对营销活动的一个大致概括，涉及企业营销活动的主要方面。农业科技企业营销能力的初始量表中有些问项源于前人的研究，还有一些问项是根据农业科技企业的行业特点增加的。本研究对农业科技企业经营人员进行了深度访谈，听取了营销专家的意见，对前人使用过的问项进行了适当修改，以符合农业科技企业的行业特点。

具有中间商的农业科技企业，如饲料、种子、化肥等企业，渠道对于这些企业的生存至关重要。通过访谈得知，大部分农业科技企业都把渠道视为营销中最重要的因素，渠道是企业开辟新的市场首要考虑的因素。与此同时，销售人员在维护与渠道中间商之间关系的重要性也得到重视，企业会提供各方面的培训以提升销售人员的能力，通过优厚的待遇吸引和留住销售人员。但是，通过访谈得知，西方学者认为比较重要的市场信息管理、营销计划、营销执行等营销能力，在中国农业科技企业中处于相对次要的地位，所以大部分的农业科技企业，尤其

是中小型企业，跟风现象比较严重，紧跟竞争对手的价格变化。不过值得庆幸的是，越来越多的企业意识到品牌的重要性，正逐步进行品牌建设。在此基础上，我们从渠道管理、营销沟通、品牌管理、销售、定价、新产品开发 6 个方面进行维度构建。

1）渠道管理

存在渠道中间商的企业与中间商是一种委托—代理关系，中间商的行为会影响顾客的购买行为，关系到企业声誉和品牌形象（李宝库，2007）。渠道管理主要包括以下三方面的内容：首先，与现有经销商建立良好的关系，通过提供技术、资金等强化相互之间的关系（Vorhies and Morgan，2005；Morgan et al.，2009；Kemper et al.，2011）。其次，要不断地发掘和培养新的经销商，并保持良好的关系。处于技术创新水平中低端的农业科技企业，会通过经销商、业务员等认识新的经销商，扩大渠道的覆盖范围。最后，前两者的目的都是为了扩大公司的渠道网络覆盖范围（Leonidou et al.，2011）。通过访谈得知，农业科技企业的产业市场相比于消费品市场，渠道管理更为重要，是众多农业科技企业首要考虑的因素，因此，我们把渠道管理放到问卷的第一位。

2）营销沟通

简而言之，营销沟通的主要内容就是通过广告、促销、公共关系等活动宣传企业的产品、服务等（Theodosiou et al.，2012；Weerawardena and O'Cass，2004；O'Cass and Weerawardena，2010）。营销沟通包括沟通和销售促进两个部分，广告和公共关系等沟通方式主要是用来提供和传播信息，加强了解和相互信任，而销售促进主要是用来克服"行动障碍"，增加短期销量（李飞和王高，2006）。对于农业科技企业而言，利用产品发布会、市场推广会、技术成果介绍会等进行营销推广是比较常见和重要的方式，通过这些方式不仅可以宣传企业，还可以了解到行业最新的技术成果和产品的市场走向。

3）品牌管理

品牌管理主要是通过树立品牌声誉和形象，与现有顾客和潜在顾客建立联系，形成品牌资产和顾客资产（Vorhies et al.，2011；Merrilees et al.，2011），其中品牌形象对产品销售和赢得市场作用巨大（王长征和寿志钢，2007）。首先，要树立品牌意识，体现对品牌的重视程度（Vorhies et al.，2011）；其次，利用公司资源，塑造品牌形象并维护公司声誉（Vorhies and Morgan，2005；Vorhies et al.，2011；Orr et al.，2011）；最后，通过产品、服务等体现品牌形象的差异性（Leonidou et al.，2011；Vorhies and Morgan，2005）。我国农业科技企业，市场准入门槛较低，产品同质化严重，客户很难区分产品好坏。因此，农业科技企业必须进行技术创新，增加产品、服务的科技含量，塑造差异化的品牌形象。

4）销售

销售是一个说服顾客，获取顾客订单，完成销售任务的过程（Vorhies and Morgan，2005；Mariadoss et al.，2011）。在传统的 4P 营销组合中，个人销售是促销组合的内容之一，当个人销售与当前的销售活动直接相关时，应是分销渠道的一部分（李飞和王高，2006）。产业市场中，销售人员在维护与渠道中间商的关系、反馈市场信息方面有重要的作用。为此，我们把销售人员作为一种单独的能力进行测量。其主要内容有以下几个方面：首先，要具有对销售进行规划和评估的能力（Leonidou et al.，2011；Vorhies and Morgan，2005；Morgan et al.，2009，2012）；其次，要对销售人员进行销售技巧、专业能力、社交能力等方面相关的培训（Mariadoss et al.，2011；Morgan et al.，2009）；最后，为销售人员提供相关的销售支持（Vorhies and Morgan，2005；Morgan et al.，2009，2012），如技术支持、售后服务等。农业科技企业中的销售人员整体素质偏低，学历水平普遍不高，自发性较差，流动性比较大。为了保障销售活动的顺利进行，必须提供相应的全面培训并实施必要的控制。例如，不仅要进行销售技巧方面的培训，还要进行适当的专业能力和社交能力的培训，以及采用短信、电话、临时检查或 GPS 定位的方式来实施控制。

5）定价

定价能力是指利用定价技巧制定竞争性的价格，响应市场变化，影响企业的市场回报（Kaleka，2011；Kemper et al.，2011）。首先，企业应该具备正确制定价格的能力（Shin，2012；Morgan et al.，2009，2012），掌握相关的定价方法和技巧是定价的前提；其次，企业应该根据顾客对价格结构和水平的认知，以及对竞争对手定价策略的掌握，具备及时调整价格的能力（Vorhies and Morgan，2005；Morgan et al.，2009，2012；Kemper et al.，2011）。为了制定具有竞争性的价格，除了依据企业的生产成本外，农业科技企业应主要参考竞争对手的价格，并随着竞争者价格的改变而调整价格。

6）新产品开发

新产品开发是对顾客需求、竞争者进攻等市场挑战的回应（Mariadoss et al.，2011）。首先，要有新产品开发的能力（Morgan et al.，2009；Kemper et al.，2011），如研发资金的投入（Morgan et al.，2012）、新技术和方法的应用（Murray et al.，2011）；其次，要保证新产品推广的成功率（Ripollés and Blesa，2012；Morgan et al.，2009，2012；Kemper et al.，2011），如对新产品进行市场测验（Vorhies and Morgan，2005），以使产品质量、包装、设计风格等符合顾客偏好（Leonidou et al.，2011）。我国农业科技企业还处于初级阶段，多数企业进行模仿创新，替代品较多，差异化不够，开发新产品是实现产品差异化的方式之一。但由于企业缺乏资金，对先进的技术和工艺的应用不足，开发新产品的能力不强。

因此，基于早期的研究和深度访谈，最终确定了营销能力的 6 个维度：渠道管理（Vorhies et al.，1999；Vorhies and Harker，2000；Vorhies and Morgan，2005；Mariadoss et al.，2011；Shin，2012；Kemper et al.，2011）、营销沟通（Vorhies et al.，1999；Vorhies and Morgan，2005；Murray et al.，2011；Shin，2012；Kemper et al.，2011）、品牌管理（Vorhies et al.，2011；Orr et al.，2011；Merrilees et al.，2011）、销售（Vorhies et al.，1999；Vorhies and Morgan，2003，2005；Mariadoss et al.，2011；Leonidou et al.，2011）、定价（Vorhies et al.，1999；Vorhies and Harker，2000；Vorhies and Morgan，2005；Murray et al.，2011；Shin，2012；Kemper et al.，2011）、新产品开发（Vorhies et al.，1999；Vorhies and Harker，2000；Vorhies and Morgan，2005；Kaleka，2011；Mariadoss et al.，2011；Murray et al.，2011；Kemper et al.，2011）。

本研究使用 17 个问项测量营销能力，具体见表 7.2。营销能力的 6 个维度，包括渠道管理 $\rho_C^{SCR} = 0.84$，$\rho_C^{AVE} = 0.64$）、营销沟通（$\rho_C^{SCR} = 0.81$，$\rho_C^{AVE} = 0.58$）、品牌管理（$\rho_C^{SCR} = 0.86$，$\rho_C^{AVE} = 0.67$）、销售（$\rho_C^{SCR} = 0.90$，$\rho_C^{AVE} = 0.75$）、定价（$\rho_C^{SCR} = 0.82$，$\rho_C^{AVE} = 0.69$）和新产品开发（$\rho_C^{SCR} = 0.81$，$\rho_C^{AVE} = 0.58$）。各维度的组合信度系数在 0.6 以上，表示模型的内在质量理想，有较好的内部一致性；AVE 一般要大于 0.5，其值越大，内部一致性越高，信度就越好（吴明隆，2009）。由表 7.2 可知营销能力各维度的组合信合和平均方差抽取量都符合指标要求。

表 7.2　验证性因子分析和量表信效度

维度	问项	标准载荷	t 值	信度（SCR[1]、AVE[2]）
渠道管理	1. 发掘并培养新的经销商	0.76	—	SCR=0.84 AVE=0.64
	2. 能够帮助经销商提升销售额、利润	0.89	14.01	
	3. 经销商分销渠道的覆盖面广度	0.75	12.28	
营销沟通	1. 运用电视台、报纸等媒介进行广告宣传的能力	0.73	—	SCR=0.81 AVE=0.58
	2. 运用产品发布会、市场推广会等方式进行营业推广的能力	0.77	11.34	
	3. 与行业组织、政府、专家等的沟通能力	0.79	11.63	
品牌管理	1. 对品牌形象的重视程度	0.76	—	SCR=0.86 AVE=0.67
	2. 塑造品牌形象的能力	0.89	14.32	
	3. 维护公司的形象和声誉的能力	0.80	13.01	

续表

	问项	标准载荷	t 值	信度（SCR[1]、AVE[2]）
销售	1. 为销售人员提供有效的培训	0.87	—	SCR=0.90 AVE=0.75
	2. 销售人员的销售技巧	0.89	19.12	
	3. 销售人员的专业水平	0.84	17.35	
定价	1. 对竞争对手定价策略的了解程度	0.80	—	SCR=0.82 AVE=0.69
	2. 企业正确的制定产品/服务价格的能力	0.86	13.86	
新产品开发	1. 清晰的研发目标	0.70	—	SCR=0.81 AVE=0.58
	2. 研发过程中，先进的技术及工艺的应用	0.79	11.06	
	3. 对研发实施阶段的进度控制	0.80	11.16	
成本优势	1. 单位产品的生产成本	0.82	—	SCR=0.78 AVE=0.64
	2. 产品的销售费用	0.78	7.4	
产品优势	1. 产品的质量	0.83	—	SCR=0.83 AVE=0.71
	2. 产品的外观	0.86	14.74	
服务优势	1. 产品配送的速度和可靠性	0.84	—	SCR=0.86 AVE=0.76
	2. 技术支持和售后服务	0.90	16.59	
企业绩效	1. 市场占有率	0.83	—	SCR=0.84 AVE=0.64
	2. 年均销售收入增长率	0.87	14.81	
	3. 毛利率	0.69	11.83	

1）量表组合信度

2）平均方差抽取量

注：10 个维度 26 个问项测量模型的适配度指标为 $\chi^2(285) = 402.75$，GFI=0.90，NFI=0.91，IFI=0.97，TLI=0.97，CFI=0.97，RMSEA=0.04

本研究利用 AMOS 17.0 进行测量模型的验证。营销能力 6 个维度的二阶因子分析见表 7.3。结果显示营销能力的二阶因子分析有良好的模型适配度，其中，$\chi^2 = 186.82$，df=113；GFI=0.92；RMSEA=0.049；CFI=0.97；TLI=0.97；IFI=0.97；NFI[1]=0.93。较严格的适配度准则是卡方自由度比值（χ^2/df）介于 1～2，GFI、NFI、IFI、TLI、CFI 的值都应在 0.9 以上，RMSEA 介于 0.05～0.08 是合理适配，若小于 0.04 则适配度非常好（吴明隆，2009）。

① NFI（normal fit index，即标准拟合指数）。

表 7.3 营销能力的二阶因子分析

维度	指标	一阶		二阶	
		载荷	t 值	载荷	t 值
渠道管理	CM1	0.76	—[1]	0.77	—[1]
	CM2	0.89	13.89***	—	—
	CM3	0.75	12.14***	—	—
营销沟通	MC1	0.73	—[1]	0.84	8.62
	MC2	0.76	11.35***	—	—
	MC3	0.79	11.66***	—	—
品牌管理	BM1	0.75	—[1]	0.80	8.59
	BM2	0.80	14.13***	—	—
	BM3	0.79	12.85***	—	—
销售	S1	0.86	—[1]	0.83	9.54
	S2	0.90	19.05***	—	—
	S3	0.84	17.21***	—	—
定价	P1	0.80	—[1]	0.87	9.24
	P2	0.86	13.85***	—	—
新产品开发	PD1	0.71	—[1]	0.75	7.88
	PD2	0.79	10.97***	—	—
	PD3	0.80	11.04***	—	—

*** 表示 $p < 0.01$

1)固定参数

注：6 个维度 17 个问项的测量模型的适配度指标为 $\chi^2(113) = 186.82$，GFI＝0.92，NFI＝0.95，IFI＝0.97，TLI＝0.97，CFI＝0.97，RMSEA＝0.05

2. 竞争优势

本研究使用成本、产品和服务优势来测量竞争优势。成本优势有两个问项（Morgan et al.，2004；Leonidou et al.，2011；Murray et al.，2011），产品优势有两个问项（Morgan et al.，2004），服务优势有两个问项（Morgan et al.，2004；Leonidou et al.，2011；Kaleka，2011）。

由表 7.4 可知，竞争优势各维度的组合信度和平均方差抽取量都符合指标要求（CR 大于 0.6；AVE 大于 0.5）。其中，成本优势 $\rho_C^{SCR} = 0.78$，$\rho_C^{AVE} = 0.64$，产品优势 $\rho_C^{SCR} = 0.83$，$\rho_C^{AVE} = 0.71$，服务优势 $\rho_C^{SCR} = 0.86$，$\rho_C^{AVE} = 0.76$。表 7.4 是竞争优势二阶因子分析，结果显示有良好的适配度（$\chi^2 = 4.75$，df＝ 6；GFI ＝ 0.99；TLI ＝ 1；NFI ＝ 0.99；IFI ＝ 1；CFI ＝ 1；RMSEA ＝ 0.00）。

表 7.4 竞争优势的二阶因子分析

维度	指标	一阶		二阶	
		载荷	t 值	载荷	t 值
成本优势	CA1	0.83	—[1]	0.52	—[1]
	CA2	0.76	7.17	—	—
产品优势	PA1	0.83	—[1]	0.92	6.17***
	PA2	0.86	14.39	—	—
服务优势	SA1	0.82	—[1]	0.90	6.10***
	SA2	0.92	15.42	—	—

*** 表示 $p < 0.01$

1)固定参数

注：3 个维度 6 个问项的适配度指标为 $\chi^2(6) = 4.75$，GFI=0.99，NFI=0.99，IFI=1，TLI=1，CFI=1，RMSEA=0.00

3. 企业绩效

本研究用 3 个问项去测量绩效，即市场占有率（Vorhies and Morgan，2003；O'Cass and Weerawardena，2010；Leonidou et al.，2011；Kaleka，2011；Morgan et al.，2004，2012）、年均销售收入增长率（Vorhies and Morgan，2003，2005；O'Cass and Weerawardena，2010；O'Cass and Ngo，2011；Murray et al.，2011；Morgan et al.，2012）、毛利率。由表 7.2 可知，企业绩效的组合信度（$\rho_c^{SCR} = 0.84$）和平均方差抽取量（$\rho_c^{AVE} = 0.64$）符合指标要求（CR 大于 0.6；AVE 大于 0.5）。第三个问项毛利率不同于之前的研究，如使用利润率测量绩效（Tsai and Shih，2004；Morgan et al.，2004；Leonidou et al.，2011；Kaleka，2011；Morgan et al.，2012）。被试者主观回答问卷时，毛利率较利润率更加方便，而且深度访谈也证明了这一点。

7.4 营销能力、竞争优势和企业绩效的分析

7.4.1 信度和效度

本研究利用 10 个维度 26 个问项测维度的单维性（Anderson and Gerbing，1988）。测量模型显示了良好的适配度（$\chi^2 = 402.75$，df=285，GFI=0.90，NFI=0.91，IFI=0.97，TLI=0.97，CFI=0.97，RMSEA=0.04）。

我们利用组合信度（Bagozzi and Yi，1988）和平均方差抽取量（Fornell and Larcker，1981）来测量量表的信度。每个维度的组合信度和平均方差抽取量分别在 0.78～0.90 和 0.58～0.76 变化，都高于每个指标的要求，即组合信度大于 0.6，平均方差抽取量大于 0.5（Bagozzi and Yi，1988；吴明隆，2009）。由表 7.2

可知，每个问项在相应维度上的载荷都是显著的，表明营销能力、竞争优势和企业绩效都具有信度和效度。

表7.3和表7.4分别是营销能力和竞争优势的标准化回归权重，由其可知营销能力和竞争优势都是显著的，这表明量表具有聚合效度（Anderson and Gerbing，1988）。我们进一步评估了潜变量的区分效度，各维度两两之间的相关系数小于各维度的平均方差抽取量的平方根，表明各维度间有足够的区分度（Fornell and Larcker，1981），具体见表7.1。

7.4.2 假设检验

本研究利用结构方程模型进行假设检验。图7.1是构建的结构模型，表7.5是3个构念的分析结果。由表7.5可知三个假设都得到支持，其中假设7.1（营销能力→企业绩效；$\gamma_{111} = 0.50$，$p < 0.01$）；假设7.2（营销能力→竞争优势；$\gamma_{101} = 0.76$，$p < 0.01$）；假设7.3（竞争优势→企业绩效；$\beta_{1110} = 0.26$，$p < 0.05$），即营销能力对竞争优势有显著影响，营销能力和竞争优势对企业绩效都有显著影响，并且营销能力对企业绩效的影响作用高于竞争优势对企业绩效的影响。因此，可以得出竞争优势在营销能力和企业绩效之间起中介作用。模型的适配度指标在合理的范围内，如 GFI = 0.90，CFI = 0.97，NFI = 0.91，IFI = 0.97，TLI = 0.97 都大于0.90，RMSEA = 0.04 小于0.05，具体见表7.5。基于以上分析，理论模型是合适的。

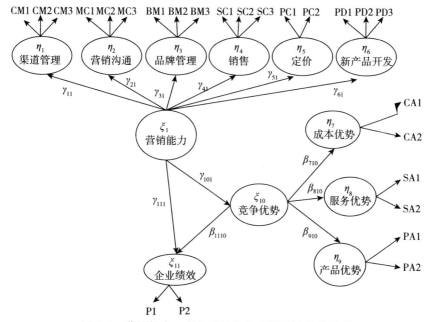

图 7.1 营销能力、竞争优势和企业绩效的关系模型

表 7.5　结构模型

假设与构念		假设	影响方向	标准化参数估计		
				参数	载荷	t 值
假设	营销能力 →企业绩效	7.1	＋	γ_{111}	0.50	4.55***
	营销能力 → 竞争优势	7.2	＋	γ_{101}	0.76	5.75***
	竞争优势 → 企业绩效	7.3	＋	β_{1110}	0.26	2.42**
二阶构念	营销能力 →渠道管理	—	—	γ_{11}	0.76	—1)
	营销能力 → 营销沟通	—	—	γ_{21}	0.83	8.63***
	营销能力 → 品牌管理	—	—	γ_{31}	0.80	8.74***
	营销能力 → 销售	—	—	γ_{41}	0.84	9.76***
	营销能力 →定价	—	—	γ_{51}	0.87	9.29***
	营销能力 → 新产品开发	—	—	γ_{61}	0.77	7.99***
	竞争优势 → 成本优势	—	—	β_{710}	0.53	—1)
	竞争优势 → 服务优势	—	—	β_{810}	0.93	6.58***
	竞争优势 → 产品优势	—	—	β_{910}	0.89	6.52***

*** 表示 $p < 0.01$

1)固定参数

注：结构模型的适配度指标为 $\chi^2(285) = 402.75$，GFI $=0.90$，CFI $=0.97$，IFI $=0.97$，NFI $=0.91$，TLI $=0.97$，RMSEA $=0.04$

7.5　研究讨论与结论

7.5.1　研究讨论

近年来，营销能力作为一个重要的构念，已经吸引了众多学者的关注。在营销领域中，竞争优势也是经常涉及的概念。随着农业的发展和国家对农业的重视，农业科技企业越来越重要。但是，农业科技企业的营销能力，以及营销能力与企业绩效内部关系的研究还是比较少的。在实证研究中，不同的研究背景会加深我们对基础理论的理解。本研究探索了营销能力、竞争优势和企业绩效的内部过程，结果显示营销能力对企业绩效有显著的影响作用，竞争优势在营销能力和企业绩效之间起中介作用。农业科技企业利用已掌握的有形资产和无形资源来发展营销能力，形成不同的竞争优势，进而促进企业绩效提高。本研究有以下几个方面的贡献。

1. 证明了营销能力对企业绩效的正向影响

第一，本研究证明营销能力对企业绩效有积极的正向作用。此结论与其他学者的研究是一致的（Nath et al. , 2010；Murray et al. , 2011；Vorhies et al. ,

2011；Theodosiou et al.，2012）。由于我国农业科技企业处于发展的初级阶段，除少数龙头企业外，大多数企业的经济实力和技术实力相对较弱。大多数农业科技企业认为与龙头企业之间真正的差距在于技术能力，而不是营销能力，同时，部分龙头企业也忽视营销能力的作用，认为营销能力并不重要。事实上，技术的大量供应弱化了技术能力的作用，强化了营销能力的作用（Arora and Nandkumar，2012）。本研究证明了营销能力对企业绩效有显著的影响作用，营销能力依然是重要的。另外，Wang 和 Hsu（2010）的研究得出营销能力对企业绩效有不显著的作用，不同于本研究结论。二者的样本企业都是技术企业，但是所在行业不同。Wang 和 Hsu（2010）的样本企业是高新技术的贴牌加工企业，没有自己的品牌，所以在　定程度上发展营销能力是不必要的，而本研究中的样本企业都有自己的品牌，加之农业科技企业的竞争是很激烈的，尤其是东部沿海地区，因此在激烈的竞争下，企业依然需要营销能力去应对竞争（Su et al.，2013），获得市场优势（解宗方，2001）。另外，本研究证明了竞争优势在营销能力和绩效之间起中介作用。此结论与其他学者的研究结论是一致的（Murray et al.，2011；李巍和王志章，2011）。在营销能力发展过程中，会逐渐形成竞争优势，进而促进企业绩效。例如，通过降低销售成本和渠道维护费用获得成本优势，以及为渠道分销商提供技术培训获得服务优势。这些优势可以创造更多的顾客价值，可以增加企业的市场份额，创造优异的绩效。不同的企业可以培育和发展不同的营销能力，形成不同的竞争优势，进而提高企业绩效。

2. 丰富了竞争优势的测量

在关于营销能力的实证研究中，一个重要的问题就是营销能力的测量。不同于 Vorhies 和 Morgan（2005）的研究，本研究删除了市场信息管理、营销计划与执行。由于行业内存在严重的跟风现象，市场信息管理的作用主要集中在获取竞争者的信息，忽视了企业未来发展信息的收集，市场信息管理职能更多体现在定价能力上。农业科技企业也会制订年度计划并做促销活动，但是这些职能更多的是根据往年的经验和竞争对手的活动而采取的应对措施，缺乏服务于战略目标的专业性、缺乏营销计划与活动的创新性。因此，本研究删除了市场信息管理、营销计划与执行这些对企业发展依然很重要的变量。另外，本研究用成本、服务和产品优势去测量竞争优势。竞争优势的测量不同于持续竞争优势，如有些学者利用企业利润率和核心能力去测量持续竞争优势（Lee and Hsieh，2010；Salunke et al.，2011；Mariadoss et al.，2011）。相比于持续竞争优势的测量，本研究中的三种优势更加具体地丰富了竞争优势的测量（Ketchen et al.，2007）。这些优势可以体现农业科技企业最看重的方面：①产品质量、包装和设计风格等可以体现企业产品优势的因素，这些因素在增加顾客满意度和顾客忠诚度方面有重要的作用（Leonidou et al.，2011）；②农业科技企业的最终用户主要是农民，他们很看重产品的价格和运行成本，成本优势可以创造更多的顾客价值；③服务优势更多体现在技术支持和售后服务上，如新饲料的用量和新种子的适用环境，以及有些设备的操作相对复杂，用户和渠道分销商都需要相应的技术支持和售后服务。

3. 丰富了资源基础观的研究

本研究丰富了资源基础观的研究。我国农业科技企业的营销能力是不完善的，只有部分营销能力得到重视。结合我国农业科技企业的现状，本研究证明了营销能力依然是重要的，营销能力可以整合资源创造更多的顾客价值以满足顾客需要，进而丰富资源基础观的实证研究。

4. 对管理者有一定启示作用

本研究的结论对管理者有一定启示作用。首先，管理者必须重视营销能力的发展。本研究证明了营销能力可以形成竞争优势，进而促进企业绩效。当企业缺乏充足的资金进行技术创新时，就需要营销能力整合资源以增加产品和服务的价值。同时，相比于技术能力，营销能力的培育和发展更加容易。所以，管理者需要重视营销能力的发展以获得竞争优势（解宗方，2001）。其次，管理者需要依靠独特的资源形成不同的营销能力和竞争优势。不同的资源基础可以形成不同的营销能力和竞争优势。龙头企业有充足的资源，如资金和政府关系，可以进行研发，因此龙头企业有很强的产品开发能力和品牌、成本、产品优势。大多数农业科技企业要避免盲目跟风，依据企业的优质资源发展不同的营销能力，如渠道管理、销售和定价能力。良好的渠道管理能力和销售能力可以与渠道成员建立良好的关系，降低渠道维护费用和销售成本以获得成本优势；良好的定价能力可以使企业及时调整产品价格以应对竞争者信息变化，树立良好的企业形象。所以，管理者需要培育差异化的营销能力。最后，管理者需要从战略的高度或企业长期发展的角度重视营销能力。农业科技企业不重视的市场信息管理、营销计划与执行等营销能力实际上对企业的长期发展是十分重要的。激烈的市场竞争需要企业发展有价值的市场知识和信息（Kaleka，2011）。营销能力通过市场信息管理能力来收集市场信息，以支持差异化的营销战略（Vorhies et al.，2009）。同时，营销计划与执行是把营销战略转化成既定的资源配置的过程（Vorhies and Morgan，2005）。所以，管理者需要从战略角度来培育和发展营销能力，而不仅仅关注职能层面的营销能力。

5. 对相关政府部门有一定启示作用

除了对管理者，本研究对相关政府部门也有一些启示。一些农业科技企业缺乏相应的营销概念和营销意识，政府部门可以帮助企业提高营销能力（张海英，2006）。首先，最直接的方式是资金支持，包括无息贷款和专项资金等支持。充足的资金可以帮助企业发展核心技术，并提高增加产量或者抵御风险的能力，也可以帮助企业建立良好的企业形象和品牌形象。其次，政府可以建立信息共享的平台。农业科技企业的展销会是信息交流和共享的重要平台，企业可以通过展销会了解行业产品和技术的最新进展(张海英，2006；陶应虎，2012)。政府可以搭建这个平台，方便企业间交流和合作，通过这个平台引导企业正确发展。最后，政府可以举办营销知识的培训和讲座。市场知识或营销知识的缺乏，尤其是企业领导者知识的缺乏，严重影响了企业的发展(张海英，2006)。政府可以通过职能转变、增加服务功能以更好地促进企业的发展。

7.5.2 研究结论

尽管营销能力一直被认为是竞争优势的来源，但是在中国农业科技企业背景下研究营销能力的文献还是比较少的。我们的研究验证了理论基础，表明营销能力对绩效有显著的正向影响，竞争优势在营销能力和企业绩效之间起中介作用。本研究为管理者如何通过营销能力获得竞争优势来促进企业绩效提供了新的角度。

第 8 章

R&D-营销整合与绩效的实证研究

随着全球化市场竞争的逐渐加剧，产品生命周期不断缩短、消费者的需求日趋个性化、竞争优势的可保持性越来越低，企业面临越来越严峻的考验。技术创新作为企业经营过程中的重要环节，是企业生存与发展的命脉，也是企业竞争力的重要来源。许多企业已经意识到开发新产品的重要性，十分重视研发，增加研发投入，在研发、生产、营销各部门各个环节投入资源把新产品推向市场。但是，技术创新活动的复杂性决定了单一部门难以单独完成产品开发、提高企业绩效的任务。各个部门资源充足，并不一定能够最佳地利用资源，部门之间也不一定能够有效合作。因此，技术创新不仅是 R&D 部门研制新产品、营销部门销售新产品的过程，更是涉及如何在各部门之间建立有效的沟通与合作界面的问题（Gupta et al.，1986；Souder and Michael，1998）。

已有文献显示 R&D-营销整合是企业在进行技术创新过程中需要考虑的重要因素（Troy et al.，2008）。Teece（1980）实证证明了从医药行业到制造行业 R&D 部门与营销部门在创新过程中相互依赖。Clark 和 Fujimoto（1991）提出 R&D-营销部门之间的合作是新产品开发获取成功的关键所在。企业不经过研究市场需求而研发出的新产品，很可能因不满足消费者需求而产生滞销，营销活动如果不充分了解研发过程及产品特性，很难制定出适合产品的营销策略。不同部门职能的专业化导致部门之间的协调问题（Ruekert et al.，1996）。R&D 部门、营销部门作为两个团队，每个部门的经验、知识、精力等资源都是有限的，这就需要"1+1>2"的整合优势（Hambrick and Mason，1984），以使这些资源发挥更大效用（Griffin and Hauser，1992；Prašnikar et al.，2008）。当 R&D-营销界面存在严重的管理问题时，68％的研发项目将在商业化上完全失败，21％的项目将部分失败（Souder，1988）。由此可见，R&D-营销整合是新产品成功的关键因素。

越来越多的学者和企业管理者开始关注 R&D-营销整合对企业绩效的影响。企业管理者认为通过 R&D 部门和营销部门间的合作,产生资源共享、提高整合资源的能力、分担创新风险、获取新技术、进入新市场,从而提高企业绩效(Song and Parry,1993)。在理论界,大量文献讨论了 R&D-营销整合与绩效的关系,但是研究得到的结论并不一致。大部分学者认为 R&D-营销界面集成度对新产品开发绩效存在着显著的正效用(吴家喜和吴贵生,2009;Pinto et al.,1993)。但并不是所有的企业都能从 R&D 和营销能力整合中获利(Leenders and Wierenga,2008),过度的职能整合可能对产品创新绩效有负面影响(张永胜等,2009)。导致结论不一致的原因,一方面是研究企业的背景不尽相同,另一方面是不同学者采用的 R&D-营销整合和绩效的测量方法存在一定的差异。这就需要在不同企业背景及不同领域对 R&D-营销整合与绩效的关系理论进行进一步的研究。

此外,国内外学者对 R&D-营销整合与绩效的研究倾向于经济绩效方面,而对企业相关者的利益研究较少。随着企业生产经营条件的变化,企业与政府、消费者、环境等外部因素的关系越来越密切,这就使得传统的绩效评估体系越来越不能符合现实需求,越来越多的学者研究非财务性绩效(张焱和瞿卫菁,2002),即企业的社会绩效责任。企业社会责任成为企业持续发展的重要因素。因此,本章在探讨 R&D-营销整合对企业绩效的影响时,分为经济绩效和社会绩效两个方面。

本章的主要目的是在特定企业背景下探讨 R&D-营销整合对企业绩效的影响。通过文献回顾,并据此提出研究假设,对调研数据进行处理分析从而得到研究结果和简要结论。

8.1 R&D-营销整合与绩效研究现状

8.1.1 R&D-营销整合

20 世纪 90 年代后,随着全球化市场竞争的加剧,许多学者和企业开始关注组织结构的整合(Dyer and Song,1997;Song et al.,1997;Song et al.,1998;Enz and Lambert,2012)。专业化部门需要整合已完成企业整体目标,仅仅专业化不能得到较高的绩效(Sarin and McDermott,2003)。企业内部组织整合是指为了实现新产品开发成功,企业不同部门之间相互支持与配合,使各部门协同一致并共同参与新产品开发项目。其中 R&D-营销整合是内部组织整合的一部分。因此,我们主要探讨在新产品开发过程中,为了实现企业的利益而进行的 R&D-营销整合。

　　国内外学者从不同角度探讨了 R&D-营销整合。一些学者关注 R&D 部门和营销部门之间"量"的方面的整合，如互动频率(Griffin and Hauser，1992；Ruekert and Walkerr，1987)，恰当的互动频率对部门整合是必要的。但事实上 R&D-营销部门互动频繁，并不代表它们的交流是有效的。一些学者为了更好地测量建设性合作和固有团队合作程度，选用实质性的内容，从"质"的方面研究 R&D-营销整合。Song 等(1997)提出 R&D-营销整合侧重于 R&D 部门和营销部门相互依存和部门之间信息分享。Kahn(1996)提出 R&D-营销整合是更广泛的合作，包括行为和态度两个方面，即行为方面，两部门共同工作分享进度，分享资源；态度方面，两部门相互理解，共同达到集体目标。他对 R&D-营销整合的诠释更加全面。Leenders和 Wierenga(2008)把 R&D-营销整合分为信息分享、关系协调、共同参与三个方面。事实上，信息分享和共同参与可以看做行为方面，关系协调可以看做态度方面。因此，他们对 R&D-营销整合的理解本质上是一致的。本章把 R&D-营销整合定义为 R&D 部门和营销部门分享信息、共同参与的整合行为及关系协调的友好态度(Leenders and Wierenga，2008)。

　　R&D-营销整合作为一个内涵复杂的概念，研究中需要对其进行维度划分。Leenders 和 Wierenga(2008)用交流、协作、合作三个维度测量 R&D-营销整合，后来多篇文献都使用此量表(吴家喜和吴贵生，2009；吴晓波等，2008)。信息分享是指两个部门准确、可信、及时的分享信息的程度。共同参与是指在新产品开发过程中，一个职能部门对另外一个职能部门所负责的任务的参与程度。关系协调是指 R&D 部门和营销部门之间保持有效协作联系的程度。

8.1.2　企业绩效

　　企业绩效是企业及管理者经营管理企业成效的效益和效率的概括与汇总(郑兵云和李邃，2011)。不同的研究者会根据自己的研究目的定义并测量企业绩效。我们把企业绩效分为经济绩效和社会绩效两个维度。

　　目前对经济绩效的测量方法复杂多样，但主要分为两种，一种是基于企业财务指标的客观测量方法，采用营业额、利润、出口等财务指标进行衡量；另一种是基于效果主观评价的主观测量方法，用高层管理人员主观评价企业的经营业绩、销售和市场份额的增长、盈利能力等指标的方式进行测量，部分是与预期相比的主观评价(Pelham and Wilson，1996；Appiah-Adu，1997；Appiah-Adu and Singh，1998)，部分是与行业竞争对手相比的主观评价(Brooksbank et al.，1992；Siu，2000)。尽管客观数据更加客观准确，但是不易获取(Fiorito and LaForge，1986)。所以很多学者都选用基于效果主观评价的主观测量方法。Dess和 Robinson(1984)证实了客观数据和主观数据有强烈的相关性，因此如果经济绩效的主观评价量表的信度和效度符合要求，那么研究结果是可信的。我们采用与行业平均水平相比的主观评价的测量方法衡量经济绩效。

随着企业绩效评估研究的发展，越来越多的学者注意到企业与政府、消费者、环境等外部因素关系越来越密切，企业不仅仅要关注自身经济绩效的提高，更要关注外部利益相关者的需求，即企业对社会的价值、对环境的影响等方面。虽然对企业社会绩效的度量还没有达成共识，但大部分学者都选择主观指标进行衡量。何艳桃和王礼力(2008)提出在进行社会绩效评估时，应更多地考虑企业的利益相关者引起的社会影响。例如，是否提高了消费者及生产者的收入及生活水平，是否导致了严重污染，是否提高了行业整体技术水平等。他们从社会责任、社会敏感性、社会公正、生活质量四个维度定性测量企业的社会绩效。

8.1.3 R&D-营销整合与经济绩效

在竞争日益激烈的环境下，单个部门已经不能够独立完成研发新产品增加企业绩效的任务，部门之间的整合特别是 R&D-营销整合在新产品开发成功中发挥着越来越重要的作用。企业内部 R&D-营销整合包括市场信息和技术信息的共享和充分交流，以及研发过程与销售过程的相互协作等活动。新产品的成功需要满足市场需求并获得技术支持，营销部门需提供消费者及市场的信息(Griffin and Hauser，1992)，R&D 部门需利用企业的资源研发具有竞争优势的新产品，部门之间信息分享、高度信任可以帮助企业更好地进行战略决策的制定(Crittenden and Woodside，2006)；富有创造性的 R&D 和营销的员工相互协作一起开发新点子，可以产生更多灵活有效的想法(Postrel，2002)；R&D 部门与营销部门共同决策在收集数据、信息处理、方案结果的评价及新的解决方案提出方面比单个部门决策有更多优势，较高的整合程度会提高产品质量和缩短新产品研发周期(Song et al.，1997)，从而加速创新。

R&D-营销整合包括信息分享、关系协调、共同参与三个方面(Leenders and Wierenga，2008)。在信息分享方面，R&D-营销整合更有利于信息的利用(Maltz et al.，2001)。营销部门与 R&D 部门分享更新市场信息，R&D 部门可以了解市场需要。在新产品开发过程，企业是否真正了解客户的需求，对于新产品开发成功非常重要。R&D 部门生产出符合市场需求的产品，提高市场占有率，减少新产品的市场风险，通过信息的分享可以促进营销计划的实施。同时，R&D 部门与营销部门分享技术信息，营销部门可以了解企业最新技术，帮助企业寻求新的增长点。在共同参与方面，研发过程中 R&D 部门与营销部门共同协作，可以帮助 R&D 部门更加快速地改进产品质量，可压缩开发流程。如果没有营销部门的参与，浪费大量的资源在不符合市场需要的产品上，不仅造成资源的浪费，还有可能使企业失去占领市场先机的机会而造成巨大损失；在营销活动中，R&D 部门可以帮助营销部门制订更加符合新产品特性的营销方案，促使营销方案获得成功从而为企业带来较好收益，Krohmer 等(2002)证实了营销活动在有 R&D 部门参与的情况下对绩效的正向影响更加明显。在关系协调方面，成员沟通有利于良好关系的建立和维护，团队成员关系和谐可以让 R&D 部门和营销部门更好地理解对方的观点和立场(Song and Thieme，2006)。通过及时的关系协调，可以解决 R&D-营销合作的分歧，有助于提高新产品开发的效率，有利于团队任务的完成。

许多学者已经证实有效的 R&D-营销整合是新产品开发成功的主要因素(Song and Parry，1993；Song et al.，1998；Song and Thieme，2006)，而很多企业未来现金流的增加依靠新产品开发的成功，进行 R&D-营销整合的企业比不进行整合的企业更易获得优势竞争，在创新过程中进行部门整合的企业可以增加创新成功率(Love and Roper，2009)。因此，R&D-营销整合对经济绩效有积极的影响。根据以上分析，我们提出假设 8.1。

假设 8.1　R&D-营销整合对经济绩效有正向影响。

8.1.4　R&D-营销整合与社会绩效

在 R&D-营销整合对企业绩效的影响的研究中，对社会绩效的探讨较少，Wind(2005)在解析跨职能整合中提到，在经过 R&D-营销整合的营销活动中，企业现有或新的产品及服务不仅可以满足当前顾客或新顾客的需求，还对消费者的利益有较大程度的提高，如消费者的生活水平。在满足消费者需求的同时，企业扩大了现有市场份额，增加了现有市场的产品，提高了行业现有技术水平，原本的市场可能因此遭到破坏，产生新的增长点。由此可见，R&D-营销整合有助于生产力水平、技术水平的提高。在研发新产品的同时，也要考虑减少对环境的破坏，这是政府、消费者各方的共同追求，营销部门把这种需求传达给 R&D 部门，帮助 R&D 部门制造出绿色环保的新产品。通过 R&D-营销整合达到了对生态环境的保护与改善的目的。综上所述，R&D-营销整合会提高利益相关者收入水平、生产力水平、技术水平及对生态环境的保护与改善水平，即对社会绩效有正向推动作用。根据以上分析，我们提出假设 8.2。

假设 8.2　R&D-营销整合对社会绩效有正向影响。

8.1.5　经济绩效与社会绩效

经济绩效与社会绩效之间的关系被学者广泛讨论，学者持两种截然不同的观点。少部分学者认为它们之间是负相关的(Roman et al.，1999)或没有明显的关系(Mahoney and Roberts，2007)，大多数学者验证了它们之间的正向关系(Griffin and Hauser，1992；Simpson and Kohers，2002；Ullmann，1985；Uadiale and Fagbemi，2012；Parket and Eilbirt，1975)。

有较好经济效益的企业只有拥有充足的资源，才能将这些资源投入社会责任领域以便改善社区、雇员关系及环境状况（郑若娟和陶野，2012）。企业可以妥善处理与外部利益相关者的关系，满足外部利益相关者的需求，相对提高雇员收入、消费者的生活水平及环境保护。Uadiale 和 Fagbemi（2012）证实高的经济绩效的企业为了长远发展，会更加关注环境管理。在现实中，比较注重社会责任的企业也大都是中大型的经济效益较好的企业。因此，R&D-营销整合除了对社会绩效有直接影响之外，还可能通过经济绩效的中介作用对社会绩效产生间接影响。我们提出假设 8.3。

假设 8.3　经济绩效对社会绩效有正向影响。

8.2　量表设计与样本企业的基本特征

8.2.1　量表设计

为保证量表的信度和效度，尽量采用国外现有文献使用过的量表，再根据农业科技企业的特殊性加以适当修改成为最终量表。

R&D-营销整合的量表采用 Leenders 和 Wierenga（2008）设计的整合量表，包括沟通、协作、合作关系三个维度。由于原量表是英文的，且调研对象是医药行业，为了使量表体现农业科技企业的特点，对量表做了反复修正。首先把原量表翻译成中文量表，反复阅读消除歧义，再翻译成英文，与原量表对比，观察其意思是否一致，不一致的再做修正，形成初步的量表。最终调整后得到信息分享、共同参与、关系协调 3 个维度共 11 个问项，如"两部门能够坦率的交流相关信息""为了完成营销（销售）任务，两部门会共享资源"等。

企业绩效分为经济绩效和社会绩效两个维度，经济绩效采用年均销售收入增长率、市场占有率、毛利率等指标；社会绩效指标包括对农民收入的提高程度、对农业生产力的提高程度、对农业技术的提高程度等。我们采用被访者与行业平均水平相比较，对所在企业的绩效打分的主观评价方式，这样既避免了具体数据不易获取的弊端且保证了经济绩效和社会绩效数据的准确性。分别用 3 个问项测量经济绩效和社会绩效。

量表均采用李克特 7 级量表形式，1 分代表非常不同意，7 分代表非常同意。问卷分为两个部分，第一部分是 R&D-营销整合及企业经济绩效、企业社会绩效的量表，第二部分是企业的基本情况，包括企业名称、创新形式、公司总人数、公司成立年数等信息。创新形式分为自主创新模式、合作创新模式、模仿创新模式三种，企业总人数作为企业规模的衡量标准。依据已有文献和农业科技企业的特点，构建出初始量表，再根据相关学者和农业科技企业的高层管理人士的意见对问卷进行反复修订，从而形成最终量表。

8.2.2　样本特征

本项研究的 317 个有效样本中，60％左右的企业是 200 人以下的中小型企业，77.6％的企业属于民营企业。将近 60％的企业选择自主创新模式，33.4％的企业选择合作创新模式，剩下的企业选择模仿创新模式。34.1％的企业对研发的投入比较大，研发经费占销售收入投入的比例超过 3％。

8.3　R&D-营销整合对企业绩效的影响分析

8.3.1　信度和效度

我们使用 SPSS 17.0 统计软件测量问卷信度。采用 Cronbach's α 系数作为检验标准，用来观察问卷各项目的内部一致性。表 8.1 是信度分析结果，所有的 Cronbach's α 系数均大于 0.7，说明问卷的信度达到要求。

表 8.1　信度分析结果

研究构念	项数	Cronbach's α 系数
R&D-营销整合	11	0.959
信息分享	3	0.912
关系协调	5	0.943
共同参与	3	0.905
经济绩效	3	0.834
社会绩效	3	0.884

我们通过以下两种方式测量量表内容效度。第一，测量 R&D-营销整合、企业绩效的量表来自发表的文献，很多学者都曾使用这些量表测量相关变量；第二，所有的量表均经过专家及企业高层管理人员的审查。

我们使用结构方程模型 AMOS 17.0 软件进行验证性因子分析来检验问卷效度如表 8.2 所示。该测量模型的拟合程度良好（$\chi^2 = 273.250$；df＝113；GFI＝0.909；CFI＝0.967；TLI＝0.960；RMSEA＝0.067）。GFI、CFI 和 TLI 大于 0.9 时模型拟合程度较理想，RMSEA 值小于 0.08 属于可接受范围。表 8.3 为验证性因子分析结果。问项的因子载荷均大于 0.5，并且所有的因子载荷 t 值均大于 2，AVE 值均大于 0.5。基于上述分析，所有的量表都具有满意的信度和效度。

表 8.2　结构方程模型检验结果

路径		假设	影响方向	标准化的参数估计		
				参数	估计值	t 值
假设	整合→经济绩效	8.1	+	β_1	0.541	8.751***
	整合→社会绩效	8.2	+	β_2	0.223	3.819***
	经济绩效→社会绩效	8.3	+	β_3	0.608	8.599***
二阶	整合→信息分享	—	—	—	0.890	—1)
	整合→关系协调	—	—	—	0.905	17.041***
	整合→共同参与	—	—	—	0.936	17.142***

*** 表示 $p < 0.01$

1)固定参数

表 8.3　验证性因子分析结果

研究构念	问项	编码	因子载荷	t 值	AVE 值
信息分享	两部门能够坦率地交流相关信息	V1	0.952	—1)	0.789
	两部门能够坦率地分享自己的见解	V2	0.928	30.825***	
	为了完成任务，两部门会共享资源	V3	0.775	19.375***	
关系协调	两部门之间的关系是友好的	V4	0.875	—1)	0.769
	两部门之间的关系更像团队而不是竞争者	V5	0.896	23.020***	
	当两部门产生分歧时，通常能够商议解决	V6	0.894	22.898***	
	两部门之间争论的问题是有建设性的	V7	0.844	20.366***	
	两部门相信对方部门的人才和专业技能	V8	0.874	21.828***	
共同参与	工作中两部门会寻求双方都满意的解决方案	V9	0.864	—1)	0.765
	为了更有效地完成任务，两部门会相互帮助	V10	0.934	23.343***	
	两部门会共同协商解决任一部门面临的问题	V11	0.822	18.709***	
经济绩效	年均销售收入增长率	V12	0.840	—1)	0.631
	市场占有率	V13	0.830	15.692***	
	毛利率	V14	0.706	13.159***	
社会绩效	对农民收入的提高程度	V15	0.734	—1)	0.739
	对农业生产力的提高程度	V16	0.930	16.421***	
	对农业技术的提高程度	V17	0.902	16.104***	

*** 表示 $p < 0.01$

1)固定参数

8.3.2　描述性统计

表8.4是R&D-营销整合的三个维度的描述性统计，每个维度的数据采用均值代替。三个维度的均值均在5～6，即同意与比较同意之间，处于中等偏上的水平，R&D-营销整合程度还有一定提高空间；比较三个维度可以看出，信息分享的均值最小，且方差最大，说明整体上企业在信息分享方面的整合相对较差，而且数据差异较大。

表8.4　描述性统计结果

维度	样本数/个	极小值	极大值	均值	标准差	方差
信息分享	317	1.67	7	5.41	1.19	1.43
关系协调	317	2.25	7	5.68	1.01	1.03
共同参与	317	1.00	7	5.55	1.12	1.25

8.3.3　模型运行结果

我们用结构方程模型验证研究假设。建立的模型如图8.1所示，模型的拟合度较高($\chi^2=273.250$，df=113，GFI=0.909，RMSEA=0.067，CFI=0.967，TLI=0.960，IFI=0.967)，模型数据检验与结果如表8.2所示。结果说明农业科技企业R&D-营销整合与企业绩效之间有显著的关系。

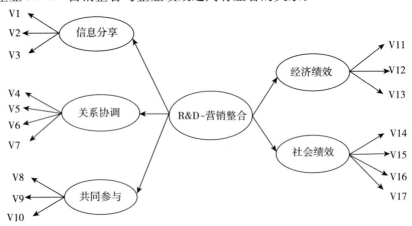

图8.1　R&D-营销整合与企业经济绩效和社会绩效模型结构方程模型

估计参数$\beta_1=0.541$、$p<0.01$支持了假设8.1，证明R&D-营销整合对企业经济绩效有正向的影响。表明R&D-营销整合程度越高，经济绩效越好；R&D-营销整合程度越低，经济绩效越差，这与普遍接受的观点是一致的(Song et al.，1997；Song and Thieme，2006)。R&D-营销整合是经济绩效提高的关键

因素。一方面，R&D-营销整合能够将市场信息传达给 R&D 部门，使企业能够迅速地根据消费者的需求生产或提供符合消费者需求的产品或服务，从而提升企业经济绩效；另一方面，R&D-营销整合能够将技术信息传达给营销部门，使企业可以在营销方案中突出核心技术，从而与现有市场产品进行区分，增加收益，或者营销部门帮助 R&D 部门寻找新技术的应用方法，从而缩短研发周期，节约研发成本，相对增加企业经济绩效。

结果同样提供了支持假设 8.2 的证据：估计参数 $\beta_2 = 0.223$、$p < 0.01$，R&D-营销整合对社会绩效有正向影响。表明 R&D-营销整合程度越高，社会绩效越好。营销部门通过了解的市场信息不仅把市场需求的信息传递给 R&D 部门，同时还传递外界对企业要求的社会责任等信息。在彼此监督、共同协作下，帮助 R&D 部门生产出符合市场需求高效环保的产品。

估计参数 $\beta_3 = 0.648$、$p < 0.01$，支持了假设 8.3，经济绩效对社会绩效有正向的影响。经济绩效在整合与社会之间起到了中介变量的作用。这与大部分学者对企业经济绩效和企业社会绩效是正向影响的关系研究的论点是一致的（Simpson and Kohers，2002；Ullmann，1985；Uadiale and Fagbemi，2012；Parket and Eilbirt，1975；Griffin and Mahon，1997）。本章还验证了在 R&D-营销整合与社会绩效关系中，经济绩效起到了中介作用，即 R&D-营销整合会提高社会绩效，并通过经济绩效影响社会绩效，且 R&D-营销整合对社会绩效的间接作用比直接作用还要显著，这说明 R&D-营销整合主要是通过提高企业经济绩效来提高企业社会绩效的。

8.4　研究结论与启示

本章探讨了 R&D-营销整合与经济绩效及社会绩效之间的关系，收集 317 家农业科技企业的相关数据对假设进行了验证。实证研究结果表明：①R&D-营销整合对经济绩效有显著的正向影响，R&D-营销整合对社会绩效的提升有显著的推动作用；②经济绩效对社会绩效有正向影响。

此结论对我国企业管理者进行 R&D-营销整合实践和政府制定企业技术创新的政策具有以下启示意义。

第一，R&D-营销整合程度相对较高，但仍有提升空间。调研发现，大部分企业意识到 R&D-营销整合的重要性，但整合程度不尽相同，特别是 R&D 部门和营销部门之间信息分享程度相对较低，企业应鼓励部门之间分享信息，保持和谐友好的关系，相互协作完成企业的共同目标。企业可采取多种措施鼓励 R&D 部门和营销部门之间的整合，如规定两部门每隔一段时间把各自掌握的信息与对方分享交流，并把两部门各自的工作进度和遇到的困难等告知对方，以寻求更快、更好解决问题的方法，设立各种交流平台，加强两个部门之间工作的互动。

第二，政府应把社会绩效评估以立法的形式纳入农业科技企业的绩效评估体系中，用国家强制力来保证农业科技企业注重其社会绩效。政府相关部门在计算农业科技企业对国民经济的贡献等指标时，应将社会绩效指标纳入考评范围。与此同时，宣传手段也必不可少。国家及各级地方政府需加大宣传力度，使广大农业企业的经营者了解社会绩效的重要性，自觉自愿地在企业的生产经营活动中将其内外部利益相关者的利益最大化作为组织发展的目标，而不是单纯地追求组织的经济利益最大化。例如，对社会绩效评估得分较高的农业科技企业给予表彰、采取减免税收等措施。

第三，研究证明了农业科技企业较好的经济绩效对社会绩效的提高有推动作用。政府在关注企业社会绩效的同时，也应帮助企业实现较高的经济绩效。虽然长期来说企业重视社会绩效必然产生更大的经济收益，但短期而言这是以牺牲一部分经济利益为代价的。我国目前的发展阶段要使广大农业科技企业的领导者愿意放弃既得的经济利益来获得社会绩效的提高是较困难的，政府可以建立专项基金补偿农业科技企业为获得社会绩效而损失的经济利益。不应一味地要求企业提高社会绩效，通过经济绩效提高带动社会绩效提高是社会及企业都受益的方法。只有这样才能更好地发挥农业科技企业的产业带动效应及地区经济带动效应，从而促进国民经济的良性循环及社会和谐发展。

第 9 章

技术创新模式、资源整合与企业绩效的实证研究

技术创新是农业科技企业持续、健康发展的关键(高启杰,2008a)。在企业技术创新过程中,各种创新要素得以优化组合,技术障碍不断突破,技术研发能力获得提升,并可在企业内部生成一系列难以被竞争对手模仿的技术优势和核心技术能力,从而获得具有竞争优势的产品和工艺,达到不断扩张市场和开拓新市场的企业发展预期。

为了保障技术创新的有效实施,农业科技企业通常采用三种不同的技术创新模式,即自主创新、合作创新和模仿创新模式。自主创新模式容易形成自身的核心技术,最能获得市场竞争优势(陈志兴,2007)。合作创新能实现技术资源的互补和共享,弥补企业内部技术资源不足或者技术资源的结构性缺陷。模仿创新虽然不具备占领市场的先机,但由于市场对新技术已有一定的认识和接受能力,企业可以节约大量研发及市场培育方面的费用(顾丽敏和安同良,2002)。学者普遍认为囿于我国农业科技企业的技术水平和资金能力,现阶段我国农业科技企业将以模仿创新为主,努力发展合作创新,增大自主技术创新的比重(高启杰,2004;张利庠,2007;王亚新,2013)。

从企业资源观出发,技术创新模式反映了企业内部各种资源的整合与协调,不同的技术创新模式所涉及的内部资源在组合、配置方式及其结构上是不同的(傅家骥,1998)。在企业内部资源整合与协调中,R&D 和营销活动之间的整合是企业技术创新过程中需要考虑的重要因素(Troy et al.,2008)。现有研究表明,R&D-营销整合程度高低对绩效的影响会受外部条件的影响(Leenders and Wierenga,2008;吴家喜和吴贵生,2009)。那么,在不同的技术创新模式下,农业科技企业内部的资源整合对绩效的影响有什么差异呢?或者说,当农业科技企业选择不同的技术创新模式时,如何整合企业内部的关键资源,以使创新绩效达

到最大化？对于这些问题，当前国内学术界尚无定论。因此，本项研究探索不同技术创新模式对内部资源整合的要求，着重从实证层面考察农业科技企业技术创新过程中，技术创新模式如何影响资源整合与企业绩效的关系，冀求为农业科技企业技术创新提供有价值的参考。

9.1　文献回顾与理论解释

9.1.1　技术创新模式

技术创新模式主要是指企业进行技术创新活动过程中的一种资源配置方式（傅家骥，1998），或者说企业内部各个环节活动之间资源协调与结合的方式与途径（高启杰，2004）。技术创新涉及诸多因素，这些因素在组合、配置方式及其结构上的差异，构成了技术创新的不同模式（马家喜等，2008；崔宁宁和高宇，2009；戴圆圆和梅强，2013）。通常农业科技企业技术创新有三种模式，即自主创新、合作创新和模仿创新。

在现实条件下，企业在选择技术创新模式时，主要是基于自身的资源和技术能力的考虑。人力、财力、物力资源充足且技术研发能力较强的企业适合选择自主创新模式；技术能力不足，但资金充裕的企业，可以选择合作创新模式，实现与合作主体间的资源共享；而当企业资源和能力都较为欠缺时，则可以选择投入较小、对创新能力要求较低的模仿创新模式。这三种创新模式表现出来的创新风险有所不同。自主创新模式的企业独自开发，时间长、不确定性大、技术风险和市场风险都较大（陈勇星等，2012）。合作创新模式利用外部力量和创新资源，可以分散创新风险，但由于有多个创新主体参与，一定程度上增加了管理的复杂性与成本，容易在人员、技术和设备的交互类型及合作产出的分配方案等方面有分歧，存在一定的合作风险（葛秋萍和辜胜祖，2011）。而模仿创新模式可以充分利用率先创新的经验和市场，R&D风险和市场风险较小，成功率较高，但存在融合和二次创新的附加风险（刘国岩和池仁勇，2010）。

9.1.2　内部资源整合与企业绩效

资源基础理论认为，企业稀缺的、有价值的、难以模仿的资源是获取竞争优势的源泉（Barney，1991；Teece et al.，1997；Wernerfelt，1984）。该理论强调企业自身所拥有的资源的战略地位，企业利用内部资源"使之产生效益或影响市场供求"（Hunt and Morgan，1995）。但是单纯拥有资源的企业无法获得竞争优势，必须借助资源整合才可增加技术创新的成功率，从而实现企业长期创新绩效的发展目标（Love and Roper，2009；张公一和孙晓欧，2013）。整合资源可以加强企业创新系统中创新要素的高效生产与流动，优化创新资源运用的效率（朱付元，2002），并通过各种互补资源之间的复杂互动形成能力（刘晓敏和李丹，2010），最终有利于企业取得竞争优势，为企业带来绩效。因此，在技术创新过程中，需要将各类资源进行有效整合，并合理地安排在基础性研究到商业化的各个阶段，以保证具有效率和持续的技术创新。

内部资源整合作为一个内涵复杂的概念，研究中需要对其进行维度划分（Sirmon et al.，2007；饶扬德，2006；吴家喜和吴贵生，2009；蔡莉等，2010）。沿用第8章的划分，本研究将企业内部资源整合分为信息分享、共同参与、关系协调这三个方面。

充分准确的信息资源是企业技术创新成功的重要保证。整合出不同职能部门掌握的信息资源，更有利于各类信息的有效利用，对于提高企业的创新绩效极为重要（李贞和杨洪涛，2012）。技术信息和市场信息是企业创新活动必须重点掌握的。R&D部门拥有充分的技术信息，可以帮助企业选择合理的创新技术路线和实施方案，结合市场信息研发出符合市场需求，具有竞争优势的新产品（Crittenden and Woodside，2006）。有效的市场信息可以帮助企业选择正确的产品方案和产品应用领域，减少新产品的市场风险，从而提高市场占有率，同时通过技术信息的分享充分了解产品特性，促进营销计划的实施。

在关系协调方面，Swink和Song（2007）研究指出，部门分离、目标不一及文化差异会阻碍企业内部职能部门资源的有效整合。良好的关系协调可以使各部门之间达成一致，增强资源整合的意愿，加快资源的流动和分享，从而产生一股惊人的力量，刺激全新能力的产生（Goh and Richards，1997；张光磊和刘善仕，2012）。

在共同参与方面，Krohmer等（2002）证实了在技术成果商业化过程中企业各部门员工的共同参与对绩效的正向影响明显。主导创新过程的人将不仅仅是R&D人员，企业其他职能部门的人员对创新活动的影响力和贡献也显著增大。富有创造性的各部门员工相互协作一起开发新点子，可以在收集数据、信息处理、方案结果的评价及新的解决方案提出方面产生更多且灵活有效的想法（Postrel，2002），较高的整合程度会降低开发成本、提高产品质量和缩短新产品研发周期（Song et al.，1997；Feng and Wang，2013）。

然而，资源整合和绩效的正向影响会受到一些权变因素的影响而有所差异。有研究表明，并不是所有的企业都能从整合中获利（Leenders and Wierenga，2008），过度的整合可能对产品创新绩效有负面影响（张永胜等，2009）。Leenders和Wierenga（2008）提出新产品资源投入水平和企业战略范围都会影响整合的效果。吴家喜和吴贵生（2009）证明了产品创新程度不同，企业内部整合对新产品开发绩效的影响也不同。有学者通过建立模型，证实企业优势资源及资源整合方式是决定企业绩效的关键因素(张美华，2010)。

9.1.3　不同技术创新模式下内部资源整合与企业绩效

不同创新模式对企业内部资源的要求不同，因而内部资源整合的重要性不一样。所以，在不同创新模式下，内部资源整合对企业绩效的影响存在差异。

自主创新模式所需要的技术和资源来源于企业内部，因此对企业的内部资源整合要求较高，内部资源整合程度高，可以保证内部资源的有效利用，并降低创新风险，从而带来较高的创新绩效(朱卫东等，2012)。从资源投入和技术能力来说，自主创新模式对企业的资源和能力要求很高，企业需将大量资金投资于R&D，并且需要拥有一支基础研究力量强、有实力的科研队伍。如果企业内部资源整合较高，那么在技术创新过程中，便可以对各类创新资源进行有效的甄选、应用和重组(谢言和高山行，2013)。通过 R&D 部门和营销部门之间有效的信息流通和信息交流，企业可以利用内部的技术基础，实现某种新的核心技术要素，并获得必需的市场环境信息，如原材料的可获得性和顾客的偏好等；部门间的关系协调可以保证创新目标的统一，充分发挥全员的创新能动性，避免因分歧而阻碍创新的进行；同时，跨部门的协作可以消除组织中的各种边界和障碍，保持组织柔性，同步开发新产品以缩短产品开发周期和提高产品质量。另外，自主创新企业的创新风险很大，但是通过整合资源，可以在 R&D 过程中，有针对性地满足客户需求，以使创新成果迅速被市场接受，从而在保证创新效率的同时，获得高额利润，在一定程度上降低了技术和市场风险，提高了创新绩效。

在合作创新模式中，内部资源整合在技术创新过程中的战略性地位下降，外部资源的运用和整合在创新过程中显得更为重要，由此带来的创新绩效可能会有所减弱(刘敏等，2010)。企业的技术知识和技术能力大部分来源于企业外部，企业自身的技术资源投入较少，这可以让企业节约设置专门 R&D 机构的费用，降低 R&D 风险。进行合作创新的企业能够利用资金优势加速新技术、新产品、新工艺的研究开发，利用科研院所、高等院校研究的技术成果，在短时间内有效解决技术、人才、信息等不足的问题，加速企业的技术积累。但由于不同主体的组织目标和组织特征不一样，对创新风险的态度、对创新收益的期望存在差异，因此为保证创新绩效，企业需要投入较多的资源和时间来维系与联盟伙伴之间的合作关系(彭伟和符正平，2012)。在选择合作伙伴时，充分考虑合作伙伴的技术条件和技术水平，并与之建立较完善的合作制度，注重与合作组织成员的交流互动，与其建立良好协调的关系，以实现相互之间的战略性整合(刘新同，2007)。

模仿创新企业在获得外部技术资源后，仍需要投入大量的内部资源对原有的技术进行创造性的改进或重新设计，内部资源整合程度的高低对企业绩效有较大影响。这种模式可以节约大量 R&D 及市场培育方面的费用，降低投资风险，回避了市场成长初期的不稳定性，可为赶超先进的农业科技企业带来"后发优势"。但是模仿创新不是单纯的购买技术及模仿产品、工艺，而是在引进消化的基础上进行二次创新（彭纪生和刘伯军，2002；宋燕平和栾敬东，2004）。企业进行模仿创新要对内部资源进行有效整合，既投入一定的 R&D 力量，对引进技术进行改进和开发，也需要进行相关的市场调查和研究，利用市场观察力和预测能力了解市场需求和发展趋势，较好地判断技术商业化的潜力，努力在工艺改进、质量控制、市场营销等方面形成自己的特色（杨德林和陈春宝，1997），将有限的资金用在关键点上，增加商业化的成功率。

9.2 数据与调查

9.2.1 样本特征

在 314 个有效样本中，从所属行业看，包括畜牧业、饲料业、种植业等；从公司成立时间看，76.8%的企业成立 3 年以上；从企业规模看，51.3%的企业是 200 人以下的中小型企业；按照企业所有制性质对样本进行分析，民营企业占 80%，国有独资及控股企业占 11.1%，"三资"企业占 5.4%，集体企业占 3.5%；从创新模式看，将近 60%的企业选择自主创新模式，33.1%的企业选取合作创新模式，进行模仿创新的企业只有 7.6%；从 R&D 投入看，35.9%的企业研发经费占销售收入投入的比例超过 3%，规模较小的民营企业对研发的投入反而较大。

9.2.2 测量变量的描述性统计

量表均采用李克特 7 级量表形式，1 分代表非常不同意，7 分代表非常同意，要求被调查者在 1~7 分选出 1 个符合其公司情况的数字。最终问卷分为两个部分，第一部分是 R&D-营销整合及企业绩效的量表，第二部分是企业的基本情况，包括企业名称、技术创新模式、公司总人数、公司成立年数等信息。其中，技术创新模式使用定类尺度，分为三种，即自主创新模式、合作创新模式、模仿创新模式。把企业总人数作为企业规模的衡量标准。对调查问卷测量变量的描述性统计见表 9.1。

表 9.1 调查问卷测量变量的统计性描述

研究构念	编号	测量变量	均值	标准差
信息分享	Com1	两部门能够坦率地交流相关信息	5.36	1.306
	Com2	两部门能够坦率地分享自己的见解	5.37	1.312
	Com3	为了完成任务，两部门会共享资源	5.52	1.241

续表

研究构念	编号	测量变量	均值	标准差
关系协调	CR1	两部门之间的关系是友好的	5.60	1.238
	CR2	两部门之间的关系更像团队而不是竞争者	5.69	1.235
	CR3	当两部门产生分歧时，通常能够商议解决	5.64	1.218
	CR4	两部门之间争论的问题是有建设性的	5.50	1.247
	CR5	两部门相信对方部门的人才和专业技能	5.52	1.304
共同参与	Col1	工作中两部门会寻求双方都满意的解决方案	5.48	1.249
	Col2	为了更有效地完成任务，两部门会相互帮助	5.63	1.184
	Col3	两部门会共同协商解决任一部门面临的问题	5.54	1.220
创新模式	Mode	所在公司属于以下哪类技术创新模式	1.48	0.636
企业绩效	P1	年均销售收入增长率	5.47	1.262
	P2	市场占有率	5.24	1.258
	P3	毛利率	5.19	1.242
	P4	新产品利润占总利润的百分比	5.06	1.362

9.3 技术创新模式、资源整合的影响分析

9.3.1 信度和效度检验

本研究对调研数据进行信度和效度检验。测量模型显示了良好的适配度（$\chi^2/df=2.866$，GFI$=0.908$，NFI$=0.943$，IFI$=0.962$，RFI$=0.929$，CFI$=0.962$，RMSEA$=0.077$）。

信度检验采用Cronbach's α系数作为检验标准，用来观察问卷各项目的内部一致性。信度分析结果如表9.2所示。经计算，R&D-营销整合量表的Cronbach's α系数为0.959，企业绩效的Cronbach's α为0.847，说明调研数据具有较好的信度。另外，对问卷中每个一阶潜变量的信度分别检验。信息分享量表、关系协调量表、共同参与量表的Cronbach's α系数分别为0.910、0.942、0.910。由于信度系数均大于0.8，因此，总体上该评价体系的内在信度是比较理想的。

表 9.2 信度分析结果

研究构念	项数	Cronbach's α 系数
R&D-营销整合	11	0.959
信息分享	3	0.910
关系协调	5	0.942
共同参与	3	0.910
企业绩效	4	0.847

效度检验主要检验各共同因子下各测量变量间的收敛效度及因子之间的区别效度。用因子分析的载荷值来判断收敛效度，通常认为，因子载荷值越大（通常为 0.5 以上）表示收敛效度越高。由表 9.3 可知各个观测变量在相应潜变量上的标准化载荷系数都超过了 0.70，因子载荷 t 值的区间为 11.658~22.482，且均在 $p<0.01$ 水平上显著。R&D-营销整合的二个一阶潜变量的因子载荷系数也都超过了 0.80，因子载荷 t 值均在 $p<0.01$ 水平上显著，表示各指标对一阶因子、一阶因子对二阶因子具有较强的解释性。此外，各一阶潜变量的 AVE 均大于 0.5，CR 均大于 0.8，说明量表有较充分的收敛效度。我们进一步评估了潜变量的区分效度，各一阶潜变量两两之间的相关系数小于各潜变量的 AVE 的平方根，表明各一阶潜变量间有足够的区分度（Fornell and Larcker，1981），具体见表 9.4。

表 9.3 量表信效度检验

研究构念	测量指标	标准化载荷系数	t 值	AVE 值	CR 值
信息分享	Com1	0.950	18.906***	0.786	0.916
	Com2	0.931	18.526***		
	Com3	0.768	—1)		
关系协调	CR1	0.873	21.349***	0.768	0.943
	CR2	0.892	22.285***		
	CR3	0.895	22.482***		
	CR4	0.852	20.359***		
	CR5	0.869	—1)		
共同参与	Col1	0.886	19.309***	0.777	0.912
	Col2	0.934	20.832***		
	Col3	0.820	—1)		
企业绩效	P1	0.781	12.092***	0.583	0.848
	P2	0.823	12.541***		
	P3	0.747	11.658***		
	P4	0.700	—1)		

续表

研究构念	测量指标	标准化载荷系数	t 值	AVE 值	CR 值
R&D-营销整合	信息分享	0.877	12.769***	0.820	0.932
	关系协调	0.907	14.677***		
	共同参与	0.931	—1)		

*** 表示 $p<0.01$

1)固定参数

表 9.4　一阶潜变量的区别效度检验

研究构念	平均值	标准差	相关矩阵			
			信息分享	关系协调	共同参与	企业绩效
信息分享	5.41	1.185	(0.887)	—	—	—
关系协调	5.59	1.126	0.801	(0.876)	—	—
共同参与	5.55	1.122	0.806	0.849	(0.881)	—
企业绩效	5.24	1.061	0.514	0.422	0.519	(0.764)

注：对角线下方的数字为各潜变量的相关系数，对角线上括号内的数字为 AVE 的平方根

9.3.2　因子分析

本研究所使用 R&D-营销整合问卷的测量变量的公共因子已经确定，分别为信息分享、关系协调和共同参与。对 11 个测量变量进行 KMO 检验，结果 KMO 检验值达到 0.934，并且 Bartlett 球形度检验的卡方统计值为 3 503.959，其显著性水平达到 0.000，表明变量适合做因子分析。采用限定抽取公共因子法进行因子分析时，输入的因子数量为 3，通过这 3 个因子来分析问卷测量变量的效度。这 3 个因子累计贡献率达到 83.867%，说明这 3 个因子对 11 个测量变量具有 83.867% 的解释能力。R&D-营销整合因子分析结果见表 9.5。

表 9.5　R&D-营销整合因子分析结果

研究构念	因子	项数	KMO 值	Bartlett 球形度检验的 χ^2	p	方差累计贡献率/%
R&D-营销整合	信息分享	3	0.934	3 503.959	0.000	83.867
	关系协调	5				
	共同参与	3				

对农业科技企业绩效变量进行 KMO 检验，结果显示 KMO 检验值达到 0.774，并且 Bartlett 球形度检验的卡方统计值为 542.313，其显著性水平达到 0.000，表明变量适合做因子分析。对农业科技企业绩效进行因子分析时，采用限定抽取公共因子法，输入因子数量为 1，结果表明，因子累计贡献率为

68.696％，即这个因子包含了这 4 个测量变量 68.696％的信息。企业绩效因子
分析结果见表 9.6。

表 9.6　企业绩效因子分析结果

研究构念	项数	KMO 值	Bartlett 球形度检验的 χ^2	p	方差累计贡献率/％
企业绩效	4	0.774	542.313	0.000	68.696

9.3.3　结构方程模型分析

使用 AMOS 17.0 软件对 R&D-营销整合与企业绩效关系进行结构模型检
验，得出结构模型的拟合指标如表 9.7 所示。

表 9.7　结构模型拟合指标

拟合指标	χ^2/df	GFI	NFI	IFI	RFI	CFI	RMSEA
拟合指标值	2.921	0.903	0.941	0.960	0.928	0.960	0.078

可见，R&D-营销整合与企业绩效关系结构模型拟合情况比较理想。具体
的路径分析结果见表 9.8。

表 9.8　结构模型标准化路径系数

模型中的关系		影响方向	标准化的参数估计		
			参数	估计值	t 值
整合→企业绩效		＋	β_1	0.534	7.776 ***
二阶	整合→信息分享	＋	γ_{11}	0.877	—1)
	整合→关系协调	＋	γ_{21}	0.907	13.258 ***
	整合→共同参与	＋	γ_{31}	0.931	12.769 ***

*** 表示 $p < 0.01$

1)固定参数

由整合→企业绩效的估计值是 $\beta_1 = 0.534$、$p < 0.01$，证明 R&D-营销整合
对企业绩效有正向的影响。该结果与第 8 章结果一致。

9.3.4　多群组结构方程模型分析

方差分析只能分析不同群体对某个(或某类)变量的认知水平差异，对不同变
量之间的效应差异分析却无能为力，而多群组结构方程模型可弥补方差分析在这
方面的不足。因此，本研究采用多群组结构方程模型方法来分析不同技术创新模
式对 R&D-营销整合与企业绩效关系影响的差异。温忠麟等(2005)指出，有关
潜变量的调节效应模型，当调节变量是类别变量时，做分组结构方程分析。做法
如下：首先将分组的结构方程回归系数限制为相等，得到一个 χ^2 值和相应的自

由度。其次，去掉这个限制，重新估计模型，又得到一个 χ^2 值和相应的自由度。最后，用前面的 χ^2 值减去后面的 χ^2 值得到一个新的 χ^2 值，其自由度就是两个模型的自由度之差。如果 χ^2 值检验结果是统计显著的，则调节效应显著。

技术创新模式可分为三类，即自主创新模式、合作创新模式和模仿创新模式。对三类样本分别进行路径检验，比较路径系数和 t 值发现，和总样本模型一样，三个分类样本模型中，R&D-营销整合对企业绩效的影响都显著。同时，从路径系数的差异看，模仿创新模式样本模型中，R&D-营销整合对企业绩效的影响最大，其次是自主创新模式样本模型，影响最小的是合作创新模式样本模型。但差异是否显著，尚需要进行分组结构方程分析。分组结构方程分析比较结果见表9.9。表9.9是分组回归分析无限制模型和限制模型的比较，从表9.6中可知，对模型所有结构方程系数限制为相等后，χ^2 值改变量的临界比率 $p=0.018<0.05$，χ^2 值改变量显著。再对具体拟合指标进行进一步检验，NFI 和 IFI 变动较大（ΔNFI=0.10，ΔIFI=0.011），即不同技术创新模式下，R&D-营销整合对企业绩效的影响存在差异。模仿创新模式样本模型下 R&D-营销整合对企业绩效的影响最为显著（$\beta=0.625$，$p<0.05$），自主创新模式（$\beta=0.593$，$p<0.01$）比合作创新模式（$\beta=0.389$，$p<0.01$）的影响更为显著。

表 9.9　分组结构方程模型比较结果

模型		标准回归系数	χ^2	df
回归系数限制模型		0.550 ***	658.762	286
无限制模型	自主创新模式	0.593 ***		
	合作创新模式	0.389 ***	612.985	258
	模仿创新模式	0.625 **		
两个模型之差		—	45.777	28

** 表示 $p<0.05$；*** 表示 $p<0.01$

9.4　研究结论与启示

9.4.1　研究结论

本研究在资源基础理论的基础上，探讨三种技术创新模式基于内部资源的要求，利用314家农业科技企业的调查数据，采用结构方程模型分析不同技术创新模式下内部资源整合对企业绩效影响的差异。结果表明，农业科技企业 R&D-营销整合对企业绩效有显著的正向影响。并且，在自主创新、合作创新和模仿创新三种不同模式下，R&D-营销整合与企业绩效之间的关系存在显著差异；当企业实施自主创新和模仿创新两种技术创新模式时，R&D-营销整合对企业绩效的影响相当，而当企业采用合作创新模式时，R&D-营销整合对企业绩效的影响相对较小。

本研究从理论上证实了不同技术创新模式下，资源整合对企业绩效影响的差异。企业在技术创新过程中，通过研发部门和营销部门的通力合作与互动，互相分享创意和资源，从而促进新产品开发的成功，并满足客户的需求，进而提升企业绩效。但是在不同技术创新模式下，由于内部资源整合的重要性有所不同，所以 R&D-营销整合对企业绩效的影响存在差异。自主创新模式和模仿创新模式下，企业进行技术创新主要依靠的是自身的 R&D 和营销，此时，内部资源整合对技术创新成功较为重要，所以内部资源整合程度高，则企业绩效较高。在资源有限的情况下，企业独立创新和合作联盟之间甚至是一种替代关系而不是互补关系(Love and Roper，1999，2001)。在一定条件下存在的合作创新，企业努力维持彼此间的关系以增加创新分享成果，对内部资源整合关注较少，因此企业内部资源整合对企业新产品开发绩效的影响并不大。

9.4.2　研究启示

本研究对中国农业科技企业进行技术创新具有如下启示。

第一，R&D-营销整合是农业科技企业提高绩效的重要因素。企业在创新过程中，应关注 R&D-营销整合，帮助企业提升销售能力、盈利能力等，以提高企业绩效。通过 R&D-营销整合，农业科技企业可以尽快接受市场信息，及时发现农户或消费者需求，促进新产品(新工艺)的研发生产，增加相关农业生产性服务业(如农机跨地区作业)，克服外部经济环境变化带来的不利影响。为了鼓励 R&D 部门和营销部门之间的整合，企业可定期分享交流各自的信息工作进度和遇到的困难，寻求解决方案，并搭建交流平台，增强两部门间的合作。

第二，基于资源观提供了一个区分三种技术创新模式的视角。不同技术创新模式涉及的创新资源的组合、配置方式不同，是技术创新模式之间存在差异的根本原因，因此，可以用来解释它们对内部创新资源要求的区别。农业科技企业选择技术创新模式通常要考虑资金、技术能力及企业对市场的领先战略要求。在不同的发展阶段，应结合自身条件，选择相应的技术创新模式。继而可根据不同的技术创新模式进行创新资源管理，对于较为依赖内部研发活动的自主创新和模仿创新模式，企业应充分重视和加强内部资源的有效整合，并注意人力资源的分配、组织环境的设计，以及创新过程的计划。企业管理者应该运用权变的观点，使创新的性质和组织特征相匹配，以更好地实现创新管理的内部协调。进行合作创新的企业，内部资源整合对企业绩效的提升作用并不大，而应更加关注合作伙伴的选择及友好合作关系的建立和维护。

　　第三，任何一种技术创新模式都应该是企业外部资源利用与内部研发活动的综合，这两方面对企业技术能力和企业绩效的提升起着相互补充的作用。整合和应用各种资源，有助于建立组织能力和竞争优势。因此，在合作创新这样基于外部资源运用的技术创新模式的实施中，仍需要企业内部各部门之间相互配合，以提高其自身的吸收能力并保证研发成果的实施。而在自主创新和模仿创新这样基于内部研发活动的技术创新模式的实施中，同样也需要企业建立广泛的创新网络以获取外部的新知识和新技术。

参考文献

白俊红，江可申，李婧，等.2008. 企业技术创新能力测度与评价的因子分析模型及其应用[J]. 中国软科学，(3)：108-114.

鲍克.1994. 国有企业技术创新中几个现实问题的探讨——京津地区12家企业技术创新调查报告[J]. 管理世界，(6)：150-154.

蔡莉，单标安，周立媛.2010. 新创企业市场导向对绩效的影响——资源整合的中介作用[J]. 中国工业经济，11：77-86.

陈勇星，屠文娟，杨晶照.2012. 基于技术能力的企业技术创新模式选择及其演进研究[J]. 科技进步与对策，29(14)：83-89.

陈志兴.2007. 农业科技企业创新模式的比较与选择[J] 农业科技管理，4：94-96.

褚保金，吴川.2001. 农业科技企业的发展状况研究[J]. 农业技术经济，(5)：22-24.

崔宁宁，高宇.2009. 吸收能力对创新模式选择影响的研究[J]. 科学学与科学技术管理，30(11)：111-117.

戴圆圆，梅强.2013. 我国高新技术企业技术创新模式选择研究——基于演化博弈的视角[J]. 科研管理，34(1)：2-10.

邓鸿勋.1996. 依靠技术创新提高企业效益走集约型增长的道路[J]. 管理世界，(2)：4-5.

杜传忠，曹艳乔.2009. 合作创新与中国企业自主技术创新的实现[J]. 当代财经，(7)：61-66.

冯海发.2008. 一部研究企业创新与发展问题的力作——《农业科技企业技术创新与持续发展》评介[J]. 中国农村经济，(11)：79-80.

傅家骥.1998. 技术创新学[M]. 北京：清华大学出版社.

高启杰.2004. 农业技术创新若干理论问题研究[J]. 南方经济，7：45-47.

高启杰.2008a. 农业科技企业技术创新与持续发展[M]. 北京：中国农业大学出版社.

高启杰.2008b. 农业科技企业技术创新能力及其影响因素的实证分析[J]. 中国农村经济，7：32-38.

高启杰.2009. 促进农业科技企业技术创新与持续发展若干建议[J]. 北京农业，(19)：4-5.

葛秋萍，辜胜祖.2011. 开放式创新的国内外研究现状及展望[J]. 科研管理，32(5)：43-48.

顾丽敏，安同良.2002.WTO框架下中国农业科技企业技术创新模式的选择[J]. 经济纵横，10：41-44.

郭斌.2006. 规模、R&D与绩效：对我国软件产业的实证分析[J]. 科研管理，(1)：121-126.

韩德昌，韩永强.2010. 营销能力理论研究进展评析及未来趋势展望[J]. 外国经济与管理，32(6)：52-58.

韩顺平，王永贵.2006. 市场营销能力及其绩效影响研究[J]. 管理世界，(6)：153-154.

何道峰.1986. 我国社会主义经济机制与技术创新——企业创新行为研究[J]. 经济研究，(6)：41-49.

何艳桃，王礼力.2008. 我国农业经营组织社会绩效评估体系研究[J]. 北京理工大学学报(社会科学版)，(5)：63-68.

何云，卢泰宏．2011．营销管理的新趋势——绩效营销研究探析[J]．外国经济与管理，33(1)：43-58．

黄钢．2006．农业科技企业价值链创新管理研究[D]．四川大学博士学位论文．

"技术创新研究"课题组．1996．中国企业技术创新政策基础及实证研究——福建、甘肃工业企业技术创新调查总报告[J]．管理世界，(2)：123-132．

李宝库．2007．消费者信息、中间商行为与制造商渠道的管理效率[J]．管理世界，(6)：94-102．

李飞，王高．2006．4Ps营销组合模型的改进研究[J]．管理世界，(9)：147-148．

李龙筠，谢艺．2011．中国创业板上市公司创新能力评估[J]．经济学家，(2)：93-102．

李平，崔喜君，刘建．2007．中国自主创新中研发资本投入产出绩效分析——兼论人力资本和知识产权保护的影响[J]．中国社会科学，(2)：32-42．

李清政，白戈，于建元，等．2011．营销能力与创新关系实证研究[J]．中国软科学，(1)：135-141．

李涛，黄晓蓓，王超．2008．企业科研投入与经营绩效的实证研究[J]．科学学与科学技术管理，(7)：170-174．

李巍，王志章．2011．营销能力与企业市场战略和经营绩效的影响研究——基于成渝地区民营企业的实证数据[J]．软科学，25(1)：114-119．

李晓峰．2005．企业技术创新风险测度与决策及其预控研究[D]．四川大学博士学位论文．

李贞，杨洪涛．2012．吸收能力、关系学习及知识整合对企业创新绩效的影响研究[J]．科研管理，33(1)：79-89．

梁红波．2007．企业市场营销风险管理[J]．当代经济，(1)：36-37．

林建华．2004．农业龙头企业R&D与企业成长关系研究[J]．华南农业大学学报(社会科学版)，(1)：14-21．

林青，蔡海防．2006．企业营销风险预警管理研究[J]．科技与管理，(3)：104-106．

刘国岩，池仁勇．2010．我国工业企业技术创新的模式选择研究[J]．科技管理研究，1：4-5．

刘继海，陈晓剑，刘天卓．2006．企业技术创新不同阶段的风险管理策略探讨[J]．科技管理研究，(7)：178-181．

刘建堤，顾桥．2001．论企业技术创新中的风险及控制[J]．江汉论坛，(1)：38-39．

刘敏，徐凯，田增瑞．2010．不同R&D资源对技术创新新颖性的影响研究[J]．科技进步与对策，27(17)：10-14．

刘晓敏，李丹．2010．农业龙头企业竞争优势研究——基于资源战略管理的视角分析[J]．华东经济管理，24：85-88．

刘新同．2007．合作创新：企业自主创新的有效形式[J]．科技管理研究，27(1)：13-14．

柳卸林．1993．市场和技术创新的自组织过程[J]．经济研究，(2)：34-37．

马家喜，仲伟俊，梅姝娥．2008．企业技术联盟与一类"产学研"合作技术创新模式选择研究[J]．管理学报，5(6)：824-831．

马志强，洪涛，朱永跃．2008．中小企业技术创新风险预警系统构建研究[J]．科学管理研究，26(6)：5-8．

牛全保 . 1999. 技术创新产品的市场风险与营销对策[J]. 经济经纬, (5): 15-18.

彭纪生, 刘伯军 . 2002. 技术创新理论探源及本质界定[J]. 科技进步与对策, 12(4): 66-78.

彭林魁 . 2005. 农业科技企业技术创新机制研究[D]. 西北农林科技大学硕士学位论文 .

彭伟, 符正平 . 2012. 联盟网络对企业创新绩效的影响——基于珠三角企业的实证研究[J]. 科学学与科学技术管理, 33(3): 108-115.

饶扬德 . 2006. 新资源观与企业资源整合[J]. 软科学, 5: 77-81.

任建平, 赵龙跃 . 1992. 90 年代我国农业剩余劳动力转移及其对农业发展的影响[J]. 经济研究, (10): 65-71.

桑晓靖 . 2004. 农业高新技术企业经营机制研究[D]. 西北农林科技大学硕士学位论文 .

尚增健 . 2002. 渐进式技术创新: 科技型中小企业的成长路径——成长型中小企业成长机理的个案分析[J]. 管理世界, (6): 124-133.

申林, 杨华 . 2000. 企业技术创新中的风险及其控制[J]. 工业技术经济, 19(5): 32-36.

宋燕平, 栾敬东 . 2004. 我国农业技术创新的二种模式的分析[J]. 中国科技论坛, 5: 43-47.

芮迪, 吴开松 . 2008. 农业科技企业自主创新动力系统研究[J]. 中国集体经济, (12): 48-49.

陶应虎 . 2012. 农产品品牌建设的国际经验和启示[J]. 安徽农业科学, 40(32): 15955-15957.

王长征, 寿志钢 . 2007. 西方品牌形象及其管理理论研究综述[J]. 外国经济与管理, 29(12): 15-22.

王亚新 . 2013. 农业龙头企业技术创新战略联盟探讨[J]. 科技进步与对策, 29(23): 100-103.

王子君 . 2002. 市场结构与技术创新——以美国 AT&T 公司的拆分为例[J]. 经济研究, (12): 70-78.

温忠麟, 侯杰泰, 张雷 . 2005. 调节效应与中介效应的比较和应用[J]. 心理学报, 37(2): 268-274.

吴家喜, 吴贵生 . 2009. 内部组织整合与新产品开发绩效关系的实证研究: 以产品创新程度为调节变量[J]. 软科学, 23(3): 45-49.

吴明隆 . 2009. 问卷统计分析实务——SPSS 的操作与应用[M]. 重庆: 重庆大学出版社 .

吴涛 . 1999. 技术创新风险的分类研究及矩阵分析方法[J]. 科研管理, 20(2): 40-45.

吴晓波, 章威, 裴丽萍 . 2008. 新产品开发中 R&D-营销界面集成度的实证研究[J]. 浙江大学学报 (人文社会科学版), 38(4): 154-162.

谢洪明, 刘常勇, 陈春辉 . 2006. 市场导向与组织绩效的关系: 组织学习与创新的影响——珠三角地区企业的实证研究[J]. 管理世界, (2): 80-94.

谢洪明, 王成, 罗惠玲, 等 . 2007. 学习、知识整合与创新的关系研究[J]. 南开管理评论, 10(2): 105-112.

谢言, 高山行 . 2013. 基于自主创新的企业技术竞争力研究[J]. 科学学与科学技术管理, 1: 85-96.

解宗方 . 2001. 农业科技型企业技术创新主体的培育与成长[J]. 中国软科学, 9: 88-91.

解宗方 . 2002. 农业科技企业发展与观念更新[J]. 科技管理研究, (2): 29-31.

徐欣, 唐清泉 . 2010. R&D 活动、创新专利对企业价值的影响——来自中国上市公司的研究[J]. 研究与发展管理, (4): 20-29.

许正良，王利政．2007．企业持续营销能力与企业绩效关系的研究[J]．吉林大学社会科学学报，(5)：62-70.

杨德林，陈春宝．1997．模仿创新自主创新与高技术企业成长[J]．中国软科学，8：107-112.

杨金深，于慧丰．2004．转制型农业科技企业发展的实践与理论思考[J]．科学管理研究，22(1)：28-31.

杨翮翮，刘益，侯吉刚．2009．探析新产品开发中影响因素的作用大小——论技术创新度的调节作用[J]．科学管理研究，27(2)：13-16.

姚琼．2008．转基因食品标识制度研究[J]．生态经济，(1)：71-72，123.

张公一，孙晓欧．2013．科技资源整合对企业创新绩效影响机制实证研究[J]．中国软科学，(5)：92-99.

张光磊，刘善仕．2012．企业能力与组织结构对自主创新的影响——基于中国国有企业的实证研究[J]．管理学报，9(3)：408-414.

张海英．2006．关于政府帮助扶贫龙头企业提高营销能力的探讨——以广东省贫困县市扶贫农业龙头企业为例[J]．安徽农业科学，34(24)：6685-6686.

张利痒．2007．创新平台：农业企业自主创新现状及策略研究——来自中国农业企业技术创新"千百十"调研工程的思考[J]．中国软科学，(4)：127-133.

张美华．2010．企业绩效：复杂科学管理和协同学视角[J]．科技管理研究，19：195-197.

张骁，王永贵，杨忠．2009．公司创业精神、市场营销能力与市场绩效的关系研究[J]．管理学报，(4)：472-477.

张焱，瞿卫菁．2002．基于经营绩效评价表的经营绩效评价体系[J]．南开管理评论，5(1)：37-42.

张永胜，刘新梅，王海珍．2009．研发、市场职能整合与产品创新绩效关系研究[J]．科学学研究，27(2)：309-314.

郑兵云，李邃．2011．竞争战略、创新选择与企业绩效[J]．科研管理，32(4)：59-68.

郑若娟，陶野．2012．论企业社会绩效与财务绩效关系研究的分歧[J]．厦门大学学报（哲学社会科学版），(2)：87-93.

周国红，陆立军．2002．企业 R&D 绩效测量的实证研究——基于对 1162 家浙江省科技型中小企业问卷调查与分析[J]．科学学与科学技术管理，(3)：78-82.

周仁仪，周喜．2005．科技型中小企业技术创新风险的成因及防范对策研究[J]．企业经济，(10)：107-109.

周中林．2007．中国农业龙头企业技术创新战略类型选择探析[J]．湖南农业大学学报（社会科学版），(3)：22-25.

朱冬元，宋化民．1996．技术创新概念分析与绩效评价初探[J]．软科学，(6)：55-57.

朱付元．2002．我国目前科技资源配置的基本特征[J]．中国科技论坛，(2)：61-64.

朱卫东，薛豪娜，钟俊杰，等．2012．企业自主创新能力的内涵与构成维度解析[J]．科技管理研究，7：4-8.

朱卫鸿．2007．农业企业技术创新能力探析[J]．农业经济，6：46-48.

朱应皋，金丽馥．2006．中国农业国际竞争力实证研究[J]．管理世界，(6)：145-146.

Anderson J C, Gerbing D W. 1988. Structural equation modeling in practice: a review and recommended two-step approach[J]. Psychological Bulletin, X103(3): 411-423.

Appiah-Adu K. 1997. Market orientation and performance: do the findings established in large firms hold in the small business sector[J]. Journal of Euromarketing, 6(3): 1-26.

Appiah-Adu K, Singh S. 1998. Customer orientation and performance: a study of SMEs[J]. Management Decisions, 36(6): 385-397.

Arora A, Nandkumar A. 2012. Insecure advantage? Markets for technology and the value of resource for entrepreneurial ventures[J]. Strategic Management Journal, 33(3): 231-251.

Atuahene-Gima K, Evangelista F. 2000. Cross-functional influence in new product development: an exploratory study of marketing and R&D perspectives[J]. Management Science, 46(10): 1269-1284.

Bagozzi R P, Yi Y. 1988. On the evaluation of structure equation models[J]. Journal of the Academy of Marketing Science, 16(1): 74-94.

Barney J B. 1991. Firm resource and sustained competitive advantage[J]. Journal of Management, 17(1): 99-120.

Berchicci L. 2013. Towards an open R&D system: internal R&D investment, external knowledge acquisition and innovative performance[J]. Research Policy, 42(1): 117-127.

Brooksbank R, Kirby D A, Wright G. 1992. Marketing and company performance: an examination of medium sized manufacturing firms in Britain[J]. Small Business Economics, 4(3): 221-236.

Bulte C, Moenaert R K. 1998. The effects of R&D team co-location on communication patterns among R&D, marketing, and manufacturing[J]. Management Science, 44(11): S1-S18.

Clark K B, Fujimoto T. 1991. Product Development Performance[M]. Boston: Harvard Business School Press.

Crittenden V L, Woodside A G. 2006. Mapping strategic decision-making in cross-functional contexts[J]. Journal of Business Research, 59(3): 360-364.

Day G S. 1994. The capabilities of market-driven organizations[J]. The Journal of Marketing, 58(4): 37-52.

Day G S. 2011. Closing the marketing capabilities gap[J]. Journal of Marketing, 75(4): 183-195.

Dess G D, Robinson R B Jr. 1984. Measuring organizational performance in the absence of objective measures: the case of the privately held firm and conglomerate business unit[J]. Strategic Management Journal, 5(3): 265-273.

Dougherty D, Hardy C. 1996. Sustained product innovation in large, mature organizations: overcoming innovation-to-organization problems[J]. Academy of Management Journal, 39(5): 1120-1153.

Dyer B, Song X M. 1997. The impact of strategy on conflict: a cross-national comparative study of U. S. and Japanese firms[J]. Journal of International Business Studies, 28(3): 467-493.

Ebadi Y M, Utterback J M. 1984. The effects of communication on technological innovation[J].

Management Science，30(5)：572-585.

Enz M G，Lambert D M. 2012. Using cross-functional，cross-firm teams to co-create value：the role of financial measures[J]. Industrial Marketing Management，41(3)：495-507.

Falck-Zepeda J B，Traxler G，Nelson R G. 2000. Surplus distribution from the introduction of a biotechnology innovation[J]. American Journal of Agricultural Economics，82(5)：360-369.

Fang E，Palmatier R W，Grewal R. 2011. Effects of customer and innovation asset configuration strategies on firm[J]. Journal of Marketing Research，48(6)：587-602.

Feng T，Wang D. 2013. Supply chain involvement for better product development performance[J]. Industrial Management & Data Systems，113(2)：190-206.

Fiorito S，LaForge R. 1986. A marketing strategy analysis of small retailers[J]. American Journal of Small Business，10(4)：7-17.

Fornell C，Larcker D F. 1981. Structural equation models with unobservable variables and measurement error：algebra and statistics[J]. Journal of Marketing Research，18(3)：382-388.

Goh S，Richards G. 1997. Benchmarking the learning capability of organizations[J]. European Management Journal，15(5)：575-583.

Gold B. 1964. Economic effects of technological innovations[J]. Management Science，11(1)：105-134.

Gray A，Boehlje M，Amanor-Boadu V，et al. 2004. Agricultural innovation and new ventures：assessing the commercial potential[J]. American Journal of Agricultural Economics，86(5)：1322-1329.

Griffin A，Hauser J R. 1992. Patterns of communication among marketing，engineering，and manufacturing—a comparison between two new product teams[J]. Management Science，38(3)：360-373.

Griffin J J，Mahon J F. 1997. The corporate social performance and corporate financial performance debate twenty-five years of incomparable research[J]. Business & Society，36(1)：5-31.

Gupta A K，Raj S P，Wilemon D. 1986. A model for studying in R&D marketing interface in the product innovation process[J]. Journal of Marketing，2(50)：7-17.

Hambrick D C，Mason P A. 1984. Upper echelons：the organization as a reflection of its top managers[J]. Academy of Management Review，9(2)：193-206.

Hsu C，Chen H，Jen L. 2008. Resource linkages and capability development[J]. Industrial Marketing Management，37(6)：677-685.

Hunt S D，Morgan R M. 1995. The comparative advantage theory of competition[J]. Journal of Marketing，59(4)：1-15.

Jonckheere A R. 1954. A distribution-free k-sample test against ordered alternatives[J]. Biometrika，41(1~2)：133-145.

Kahn K B. 1996. Interdepartmental integration：a definition with implications for product development performance[J]. Journal of Product Innovation Management，13(2)：137-151.

Kaleka A. 2011. When exporting manufacturers compete on the basis of service：resources and marketing capabilities driving service advantage and performance[J]. Journal of International Marketing, 19(1): 40-58.

Kemper J, Engelen A, Brettel M. 2011. How top management's social capital fosters the development of specialized marketing capabilities: a cross-cultural comparison[J]. Journal of International Marketing, 19(3): 87-112.

Ketchen D J Jr, Hult G T, Slater S F. 2007. Research notes and commentaries toward greater understanding of market orientation and the resource-based view[J]. Strategic Management Journal, 28(9): 961-964.

Kislev Y, Peterson W. 1981. Induced innovations and farm mechanization[J]. American Journal of Agricultural Economics, 63(3): 563-565.

Kislev Y, Shchori-Bachrach N. 1973. The process of an innovation cycle[J]. American Journal of Agricultural Economics, 55(1): 28-37.

Kotler P. 1965. Competitive strategies for new product marketing over the life cycle[J]. Management Science, 12: 104-119.

Krasnikov A, Jayachandran S. 2008. The relative impact of marketing, research-and-development, and operations capabilities on firm performance[J]. Journal of Marketing, 72: 1-11.

Krohmer H, Homburg C, Workman J P. 2002. Should marketing be cross-functional? Conceptual development and international empirical evidence[J]. Journal of Business Research, 55(6): 451-465.

Lapan H E, Moschini G. 2004. Innovation and trade with endogenous market failure: the case of genetically modified products[J]. American Journal of Agricultural Economics, 86(3): 634-648.

Lee J S, Hsieh C J. 2010. A research in relating entrepreneur ship, marketing capability, innovative capability and sustained competitive advantage[J]. Journal of Business & Economics Research, 8(9): 109-119.

Lee Y, Kima S, Lee H. 2011. The impact of service R&D on the performance of Korean information communication technology small and medium enterprises[J]. Journal of Engineering and Technology Management, (28): 77-92.

Leenders M A, Wierenga B. 2008. The effect of the marketing-R&D interface on new product performance: the critical role of resources and scope[J]. International Journal of Research in Marketing, 25(1): 56-68.

Leonidou L C, Palihawadana D, Theodosiou M. 2011. National export-promotion programs as drivers of organizational resources and capabilities: effects on strategy, competitive advantage, and performance[J]. Journal of International Marketing, 19(2): 1-29.

Li H, Atuahene-Gima K. 1999. Marketing's influence and new product performance in Chinese firms[J]. Journal of International Marketing, 7(1): 34-56.

Lichtenthaler U. 2009. Outbound open innovation and its effect on firm performance: examining environmental influences[J]. R&D Management, 39(4): 317-330.

Love J H, Roper S. 1999. The determinants of innovation: R&D, technology transfer and networking effects[J]. Review of Industrial Organization, 15(1): 43-64.

Love J H, Roper S. 2001. Location and network effects on innovation success: evidence for UK, German and Irish manufacturing plants[J]. Research Policy, 30(4): 643-661.

Love J H, Roper S. 2009. Organizing innovation: complementarities between cross-functional teams[J]. Technovation, 29(3): 192-203.

Mahoney L, Roberts R W. 2007. Corporate social performance, financial performance and institutional ownership in Canadian firms[J]. Accounting Forum, 31(3): 233-253.

Maltz E, Souder W E, Kumar A. 2001. Influencing R&D/marketing integration and the use of market information by R&D managers: intended and unintended effects of managerial actions[J]. Journal of Business Research, 52(1): 69-82.

Mariadoss B J, Tansuhaj P S, Mouri N. 2011. Marketing capabilities and innovation-based strategies for environmental sustainability: an exploratory investigation of B2B firms[J]. Industrial Marketing Management, 40(8): 1305-1318.

Merrilees B, Thiele S R, Lye A. 2011. Marketing capabilities: antecedents and implications for B2B SME performance[J]. Industrial Marketing Management, 40(3): 368-375.

Moore G. 2001. Corporate social and financial performance: an investigation in the U. K. supermarket industry[J]. Journal of Business Ethics, 34(3): 299-315.

Morgan N A. 2012. Marketing and business performance[J]. Journal of the Academy of Marketing Science, 40: 102-119.

Morgan N A, Kaleka A, Katsikeas C S. 2004. Antecedents of export venture performance: a theoretical model and empirical assessment[J]. Journal of Marketing, 68(1): 90-108.

Morgan N A, Katsikeas C S, Vorhies D W. 2012. Export marketing strategy implementation, export marketing capability and export venture performance[J]. Journal of the Academy of Marketing Science, 40: 271-289.

Morgan N A, Vorhies D W, Mason C H. 2009. Research notes and commentaries market orientation, marketing capabilities, and firm performance[J]. Strategic Management Journal, 30(8): 909-920.

Murray J Y, Gao G Y, Kotabe M. 2011. Market orientation and performance of export ventures: the process through marketing capabilities and competitive advantages[J]. Journal of the Academy of Marketing Science, 39(2): 252-269.

Nath P, Nachiappan S, Ramanathan R. 2010. The impact of marketing capability, operations capability and diversification strategy on performance: a resource-based view[J]. Industrial Marketing Management, 39(2): 317-329.

Newbert S L. 2007. Empirical research on the research-based view of the firm: an assessment and suggestions for future research[J]. Strategic Management Journal, 28(2): 121-146.

Orr L M, Bush V D, Vorhies D W. 2011. Leveraging firm-level marketing capabilities with marketing employee development[J]. Journal of Business Research, 64(10): 1074-1081.

O'Cass A, Ngo L V. 2011. Winning through innovation and marketing: lessons from Australia and Vietnam[J]. Industrial Marketing Management, 40(8): 1319-1329.

O'Cass A, Weerawardena J. 2010. The effects of perceived industry competitive intensity and marketing-related capabilities: drivers of superior brand performance[J]. Industrial Marketing Management, 39(4): 571-581.

Parket I R, Eilbirt H. 1975. Social responsibility: the underlying factors[J]. Business Horizons, 18(4): 5-10.

Pelham A M, Wilson D T. 1996. A longitudinal study of the impact of market structure, firm structure, strategy and market orientation culture on dimensions of small-firm performance [J]. Journal of the Academy of Marketing Science, 24(1): 27-43.

Pinto M B, Pinto J K, Prescott J E. 1993. Antecedents and consequences of project team cross-functional cooperation[J]. Management Science, 39(10): 1281-1297.

Postrel S. 2002. Islands of shared knowledge: specialization and mutual understanding in problem solving teams[J]. Organization Science, 13(3): 303-320.

Prajogo D I, Ahmed P K. 2006. Relationships between innovation stimulus, innovation capacity, and innovation performance[J]. R&D Management, 36(5): 499-515.

Prašnikar J, Lisjak M, Buhovac A R, et al. 2008. Identifying and exploiting the inter relationships between technological and marketing capabilities[J]. Long Range Planning, 41(5): 530-554.

Purvis A, Outlaw J. 1995. What we know about technological innovation to achieve environmental compliance: policy issues for an industrializing animal agriculture sector[J]. American Journal of Agricultural Economics, 77(5): 1237-1243.

Ripollés M, Blesa A. 2012. International new ventures as "small multinationals": the importance of marketing capabilities[J]. Journal of World Business, 47(2): 277-287.

Robinson W T. 1990. Product innovation and start-up business market share performance[J]. Management Science, 36(10): 1279-1289.

Roman R M, Hayibor S, Agle B R. 1999. The relationship between social and financial performance repainting a portrait[J]. Business & Society, 38(1): 109-125.

Ruekert R W, Walkerr O C. 1987. Interactions between marketing and R&D departments in implementing different business strategies[J]. Strategic Management Journal, 8(3): 233-248.

Ruekert R W, Walker O C, Olson E M Jr. 1996. Patterns of functional interaction and their effects on the timeliness and market performance of product development projects[R]. Working Paper, Carlson School of Management, University of Minnesota, Minneapolis.

Salunke S, Weerawardena J, McColl-Kennedy J R. 2011. Towards a model of dynamic capabilities in innovation-based competitive strategy: insights from project-oriented service firms [J]. Industrial Marketing Management, 40(8): 1251-1263.

Sarin S, McDermott C. 2003. The effect of team leader characteristics on learning, knowledge application, and performance of cross-functional new product development teams[J]. Decision Sciences, 34(4): 707-739.

Scherer F M. 1983. The propensity to patent[J]. International Journal of Industrial Organization, 1(1): 107-128.

Shane S A, Ulrich K T. 2004. Technological innovation, product development, and entrepreneurship in management science[J]. Management Science, 50(2): 133-144.

Shin S. 2012. Decomposed approach of market orientation and marketing mix capability: research on their relationships with firm performance in the Korean context[J]. International Business Research, 5(1): 22-33.

Simpson W G, Kohers T. 2002. The link between corporate social and financial performance: evidence from the banking industry[J]. Journal of Business Ethics, 35(2): 97-109.

Sirmon D G, Michael A, Hitt R, et al. 2007. Managing firm resources in dynamic environments to create value: looking inside the black box[J]. Academy of Management Review, 32(1): 273-292.

Siu W S. 2000. Marketing and company performance of Chinese small firms in Mainland China: a preliminary study[J]. Journal of Small Business and Enterprise Development, 7(2): 105-122.

Sok P, O'Cass A. 2011. Achieving superior innovation-based performance outcomes in SMEs through innovation resource-capability complementarities[J]. Industrial Marketing Management, 40: 1285-1293.

Song M, DiBenedetto C A, Nason R W. 2007. Capabilities and financial performance: the moderating effect of strategic type[J]. Journal of the Academy of Marketing Science, 35(1): 18-34.

Song M, Thieme R J. 2006. A cross-nation investigation of the R&D-marketing interface in the product innovation process[J]. Industrial Marketing Management, 35(3): 308-322.

Song X M, Montoya-Weiss M M, Schmidt J B. 1997. Antecedents and consequences of cross-functional cooperation: a comparison of R&D, manufacturing, and marketing perspectives [J]. The Journal of Product Innovation Management, 14(1): 35-47.

Song X M, Parry M. 1993. R&D-marketing interface in Japanese high-technology firms: hypotheses and empirical evidence[J]. Journal of Academy of Marketing Science, 21(2): 125-133.

Song X M, Thieme R J, Xie J H. 1998. The impact of cross-functional joint involvement across product development stages: an exploratory study[J]. The Journal of Product Innovation Management, 15(4): 289-304.

Souder W E. 1988. Managing relations between R&D and marketing in new product development projects[J]. Journal of Product Innovation Management, 15(1): 6-19.

Souder W E, Michael S X. 1998. Analyses of U. S. and Japanese management processes associated with new product success and failure in high and low familiarity markets [J]. The Journal of Product Innovation Management, 15(3): 208-223.

Srinivasan S, Pauwels K, Silva-Risso J, et al. 2009. Product innovations, advertising, and stock returns[J]. Journal of Marketing, 73(1): 24-43.

Su Z F, Peng J S, Shen H, et al. 2013. Technological capability, marketing capability, and firm performance in turbulent conditions[J]. Management and Organization Review, 9(1): 115-137.

Swink M, Song M. 2007. Effects of marketing-manufacturing integration on new product development time and competitive advantage[J]. Journal of Operations Management, 25(1): 203-217.

Talke K, Hultink E J. 2010. The impact of the corporate mind-set on new product launch strategy and market performance[J]. Journal of Product Innovation Management, 27(2): 220-237.

Teece D J. 1980. Economies of scope and the scope of the enterprise[J]. Journal of Economic Behavior and Organization, 1(3): 223-247.

Teece D J, Pisano G, Shuen A. 1997. Dynamics capabilities and strategy management[J]. Strategic Management Journal, 18(7): 509-533.

Tellis G J. 2008. Important research questions in technology and innovation[J]. Industrial Marketing Management, 37(6): 629-632.

Terpstra T J. 1952. The asymptotic normality and consistency of Kendall's test against trend, when ties are present in one ranking[J]. Indagationes Mathematicae, 14(3): 327-333.

Theodosiou M, Kehagias J, Katsikea E. 2012. Strategic orientations, marketing capabilities and firm performance: an empirical investigation in the context of frontline managers in service organizations[J]. Industrial Marketing Management, 41(7): 1058-1070.

Thirtle C, Schimmelpfennig D E, Townsend R F. 2002. Induced innovation in United States agriculture, 1880—1990: time series tests and an error correction model[J]. American Journal of Agricultural Economics, 84(3): 598-614.

Troy L C, Hirunyawipada T, Paswan A K. 2008. Cross-functional integration and new product success: an empirical investigation of the findings[J]. Journal of Marketing, 72(6): 132-146.

Tsai M T, Shih C M. 2004. The impact of marketing knowledge among managers on marketing capabilities and business performance[J]. International Journal of Management, 21(4): 524-530.

Uadiale O M, Fagbemi T O. 2012. Corporate social responsibility and financial performance in developing economies: the nigerian experience[J]. Journal of Economics and Sustainable Development, 3(4): 44-54.

Ullmann A A. 1985. Data in search of a theory: a critical examination of the relationships among social performance, social disclosure and economic performance of U. S. firms[J]. The Academy of Management, 10(3): 540-557.

Verhoef P C, Leeflang P S H. 2009. Understanding the marketing department's influence within the firm[J]. Journal of Marketing, 73: 14-37.

Vorhies D W, Harker M. 2000. The capabilities and performance advantages of market-driven firms: an empirical investigation[J]. Australian Journal of Management, 25(2): 145-173.

Vorhies D W, Harker M, Rao C P. 1999. The capabilities and performance advantages of market-driven firms[J]. European Journal of Marketing, 33(11~12): 1171-1202.

Vorhies D W, Morgan G E, Autey C. 2009. Product-market strategy and the marketing capabilities of the firm: impact on market effectives and cash flow performance[J]. Strategic Management Journal, 30(12): 1310-1334.

Vorhies D W, Morgan N A. 2003. A configuration theory assessment of marketing organization fit with business strategy and it's relationship with marketing performance[J]. Journal of Marketing, 67(1): 100-115.

Vorhies D W, Morgan N A. 2005. Benchmarking marketing capabilities for sustainable competitive advantage[J]. Journal of Marketing, 69: 80-94.

Vorhies D W, Orr L M, Bush V D. 2011. Improving customer-focused marketing capabilities and firm financial performance via marketing exploration and exploitation[J]. Journal of the Academy of Marketing Science, 39(5): 736-756.

Wang C, Chin Y, Tzeng G. 2010. Mining the R&D innovation performance processes for high-tech firms based on rough set theory[J]. Technovation, 30(7): 447-458.

Wang C H, Hsu L C. 2010. The influence of dynamic capability on performance in the high technology industry: the moderating roles of governance and competitive posture[J]. African Journal of Business Management, 4(5): 562-577.

Weerawardena J, O'Cass A. 2004. Exploring the characteristics of the market-driven firms and antecedents to sustained competitive advantage[J]. Industrial Marketing Management, 33(5): 419-428.

Wernerfelt B A. 1984. Resource-based view of the firm[J]. Strategic Management Journal, 5(2): 171-180.

Wind Y J. 2005. Marketing as an engine of business growth: a cross-functional perspective[J]. Journal of Business Research, 58(7): 863-873.

Yam R C, Guanb J C, Punc K F, et al. 2004. An audit of technological innovation capabilities in Chinese firms: some empirical findings in Beijing, China[J]. Research Policy, 33: 1123-1140.